ORDONNANCES

DU ROI,

RENDUES PENDANT L'ANNÉE 1824,

JUSQU'A LA FIN DU RÈGNE

DE

S. M. LOUIS XVIII.

RECUEIL
D'ORDONNANCES
DU ROI,

RENDUES PENDANT L'ANNÉE 1824,

JUSQU'A LA FIN DU RÈGNE

DE

S. M. LOUIS XVIII.

A BORDEAUX,

DE L'IMPRIMERIE DE CASTILLON,
rue Arnaud-Miqueu, n.º 21.

ORDONNANCES

ROYALES.

ORDONNANCE DU ROI,

Relative aux poudres de guerre.

LOUIS, PAR LA GRACE DE DIEU, ROI DE FRANCE ET DE NAVARRE,

Vu l'article 2 de notre ordonnance du 25 mars 1818, relatif à la fixation du prix des poudres fournies par la direction générale des poudres aux départemens de la guerre, de la marine et des finances ;

Sur la proposition de notre ministre

1

secrétaire-d'état au département de la guerre,

Nous avons ordonné et ordonnons ce qui suit :

Art. 1.er Le prix des poudres qui seront livrées pendant l'année 1824, par la direction générale du service des poudres aux départemens de la guerre, de la marine et des finances, est réglé ainsi qu'il suit :

Poudre de guerre pour
    les arsenaux.......... 2f   56c le kil.

Idem pour le com-
    merce............... 2   40

Poudre de mine....... 2   29

Poudre de commerce
    extérieur............ 1 76

Poudre de chasse ordi-
    naire, pour les con-

tributions indirec-
tes.................... 2   75

Poudre de chasse su-
perfine., pour *id.*. 3   00

2. Nos ministres secrétaires-d'état aux départemens de la guerre, de la marine et des finances sont chargés, chacun en ce qui le concerne, de l'exécution de la présente ordonnance.

Donné à Paris, le trentième jour du mois de décembre, de l'an de grâce 1823, et de notre règne le 29.•

LOUIS.

Par le Roi :

Le ministre secrétaire-d'état de la guerre,

Baron DE DAMAS.

ORDONNANCE DU ROI,

Relative à la voirie.

LOUIS, PAR LA GRACE DE DIEU, ROI DE FRANCE ET DE NAVARRE,

A tous ceux qui ces présentes verront, salut.

Sur le rapport de notre ministre secrétaire-d'état au département de l'intérieur,

Vu l'ordonnance du bureau des finances de Paris, du 14 décembre 1725, portant détermination des saillies à permettre dans cette ville ;

Vu les lettres patentes du 22 octobre 1733, concernant les droits de voirie ;

Vu les lettres patentes du 31 décembre 1781, ordonnant l'exécution de différens réglemens relatifs à la voirie de Paris :

Vu le décret du 27 octobre 1808 ;

Sur le compte qui nous a été rendu des accidens multipliés arrivés dans notre bonne ville de Paris par la chute d'entablemens, de corniches et d'auvents en plâtre, et de la difformité des embarras et des dangers que présente la saillie démesurée des devantures de boutique, tableaux, enseignes, étalages, bornes et autres objets placés au-devant des murs de face des maisons ;

Considérant qu'il est indispensable de prendre des mesures promptes et efficaces, afin de prévenir de nou-

1 *

veaux malheurs, et de remédier aux abus qui se sont introduits par suite de l'inexécution des anciens réglemens ;

Notre conseil d'Etat entendu,

Nous avons ordonné et ordonnons ce qui suit :

TITRE PREMIER.

Dispositions générales.

Art. 1.er Il ne pourra, à l'avenir, être établi, sur les murs de face des maisons de notre bonne ville de Paris, aucune saillie autre que celles déterminées par la présente ordonnance.

2. Toute saillie sera comptée à partir du nu du mur au-dessus de la retraite.

TITRE II.

Dimensions des saillies.

3. Aucune saillie ne pourra excéder les dimensions suivantes ;

SECTION PREMIÈRE.

Saillies fixes

Pilastres et colonnes en pierre.

Dans les rues au-dessous de huit mètres de largeur.....	0^m 03^c
Dans les rues de huit à dix mèt. de largeur.....	0 04
Dans les rues de douze mètr. de largeur et au-dessus.........	0 10

Lorsque les pilastres et les colonnes

auront une épaisseur plus considérable que les saillies permises, l'excédant sera en arrière de l'alignement de la propriété, et le nu du mur de face formera arrière-corps à l'égard de cet alignement ; toutefois les jambes étrières ou boutisses devront toujours être placées sur l'alignement.

Dans ce cas, l'élévation des assises de retraite sera réglée, à partir du sol ,

Dans les rues de dix mètres de largeur

et au-dessous, à............... 0ᵐ 80ᶜ

Dans celles de dix à douze mèt.

de largeur, à............... 1 00

Dans celles de douze mètres et

au-dessus, à............... 1 15

Grands balcons............... 0 80

Herses, chardons, artichauts

et fraises............... 0 80

Auvents de boutiques.......... 0   80

Petits auvents, au-dessus des
    croissées..................... 0   25

Bornes dans les rues au-dessous
    de dix mètres de largeur... 0   50

Bornes dans les rues de dix
    mètres et au-dessus........ 0   80

Bancs de pierre aux côtés des
    portes des maisons......... 0   60

Corniches en menuiserie sur
    boutique................... 0   50

Abat-jour de croisée, dans la
    partie la plus élevée....... 0   33

Moulinets de boulanger et pou-
    lies...................... 0   50

Petits balcons, y compris l'ap-
    pui des croisées 0   22

Seuils, soclés................ 0   22

Colonnes isolées en menuiserie............................ 0 16

Colonnes engagées en menuiserie............................ 0 16

Pilastres en menuiserie........ 0 16

Barreaux et grilles de boutique. 0 16

Appui de boutique............ 0 16

Tuyaux de descente ou d'é-
vier,........................... 0 16

Cuvettes......................... 0 16

Devanture de boutique, toute
espèce d'ornemens compris. 0 16

Tableaux, enseignes, bustes,
reliefs, montres, attributs,
y compris les bordures,
supports et points d'appui. 0 16

Jalousies....................... 0 16

Persiennes ou contrevents..... 0 11

Appui de croisée............... 0 08

Barres de support............... 0 · 08

(Les paremens de décoration au-dessus du rez-de-chaussée n'auront que l'épaisseur des bois appliqués au mur.)

SECTION II.

Saillies mobiles.

Lanternes ou transparens avec
  potence...................... 0   75
Lanternes ou transparens en
  forme d'applique............. 0   22
Tableaux, écussons, ensei-
  gnes, montres, étalages, attributs, y compris les supports, bordures, crochets
  et points d'appui............ 0   16
Appui de boutique, y compris
  les barres et crochet........ 0   16

Volets, contrevents ou ferme-
tures de boutique............ 0 . 16

4. Les saillies déterminées par l'article précédent pourront être restreintes
suivant les localités.

TITRE III.

*Dispositions relatives à chaque
espèce de saillie.*

SECTION I.re

Barrières au-devant des maisons.

5. Il est défendu d'établir des barrières fixes au-devant des maisons et
de leurs dépendances, quelles qu'elles
puissent être, tant dans les rues et
places que sur les boulevards, à moins
qu'elles ne soient reconnues nécessaires

à la propreté et qu'elles ne gênent point la circulation.

La saillie de ces barrières ne pourra, dans aucun cas, excéder un mètre et demi.

6. Les propriétaires auxquels il aura été accordé la permission d'établir des barrières, seront obligés de les maintenir en bon état.

SECTION II.

Bancs, pas, marches, perrons,
bornes.

7. Il ne sera permis de placer des bancs au-devant des maisons que dans les rues de dix mètres de largeur et au-dessus. Ces bancs seront en pierre, ne dépasseront pas l'alignement de la

2

base des bornes, et seront établis dans toute leur longueur sur maçonnerie pleine et chanfreinée.

8. Il est défendu de construire des perrons en saillie sur la voie publique.

Les perrons actuellement existans seront supprimés, autant que faire se pourra, lorsqu'ils auront besoin de réparation.

Il ne sera accordé de permission que pour les pas et marches, lorsque les localités l'exigeront. Ces pas et marches ne pourront dépasser l'alignement de la base des bornes. En cas d'insuffisance de cette saillie, le propriétaire rachetera la différence du niveau en se retirant sur lui-même. Néanmoins les propriétaires des maisons riveraines des boulevards intérieurs de Paris pourront être autorisés à construire des perrons au-devant desdites maisons, s'il est reconnu qu'ils soient absolument nécessaires, et que les localités ne permettent pas aux propriétaires de se retirer sur eux-mêmes. Ces perrons, quelle qu'en soit la forme, ne pourront, sous aucun prétexte, excéder un mètre de saillie, tout compris, ni approcher à plus d'un mètre de distance de la ligne extérieure des arbres de la contre-allée.

9. Il est permis d'établir des bornes aux angles saillans des maisons formant encoignure de rue ; mais, lorsque ces encoignures seront disposées en pan coupé de soixante centimètres au moins, et d'un mètre au plus de lar-

geur, une seule borne sera placée au milieu du pan coupé.

Grands balcons.

10. Les permissions d'établir de grands balcons ne seront accordées que dans les rues de dix mètres de largeur et au-dessus, ainsi que dans les places et carrefours, et ce d'après une enquête *de commodo et incommodo.*

S'il n'y a point d'opposition, les permissions sont délivrées. En cas d'opposition, il sera statué par le conseil de préfecture, sauf le recours au conseil-d'état.

Dans aucun cas, les grands balcons ne pourront être établis à moins de six mètres du sol de la voie publique.

Le préfet de police sera toujours consulté sur l'établissement des grands et petits balcons.

Constructions provisoires, échoppes.

11. Il pourra être permis de masquer par des constructions provisoires ou des appentis tout renfoncement entre deux maisons, pourvu qu'il n'ait pas au-delà de huit mètres de longueur, et que sa profondeur soit au moins d'un mètre. Ces constructions ne devront, dans aucun cas, excéder la hauteur du rez-de-chaussée,

et elles seront supprimées dès qu'une des maisons attenantes subira retranchement.

Il est permis de masquer par des constructions légères, en forme de pan coupé, les angles de toute espèce de retranchement au-dessus de huit mètres de longueur, mais sous la même condition que ci-dessus pour leur établissement et leur suppression.

Le préfet de police sera toujours consulté sur les demandes formées à cet effet.

12. Il est expressément défendu d'établir des échoppes en bois ailleurs que dans les angles et renfoncemens hors de l'alignement des rues et places.

Toutes les échoppes existantes qui

ne sont point conformes aux dispositions ci-dessus, seront supprimées lorsque les détenteurs actuels cesseront de les occuper, à moins que l'autorité ne juge nécessaire d'en ordonner plus tôt la suppression.

SECTION V.

Auvents et corniches de boutique.

13. Il est défendu de construire des auvents et corniches en plâtre au-dessus des boutiques. Il ne pourra en être établi qu'en bois, avec la faculté de les revêtir extérieurement de métal ; toute autre manière de les couvrir est prohibée.

Les auvents et corniches en plâtre actuellement établis au-dessus des boutiques ne pourront être réparés, Ils seront démolis lorsqu'ils auront besoin de réparation, et ne seront rétablis qu'en bois.

SECTION VI.

Enseignes.

14. Aucuns tableaux, enseignes, montres, étalages et attributs quelconques, ne seront suspendus, attachés ni appliqués, soit aux balcons, soit aux auvents. Leurs dimensions seront déterminées, au besoin, par le préfet de police, suivant les localités.

Il pourra néanmoins être placé sous les auvents, des tableaux ou plafonds

en bois, pourvu qu'ils soient posés
dans une direction inclinée.

Tout étalage formé de pièces d'étoffe
disposées en draperie et guirlande, et
formant saillie, est interdit au rez-
de-chaussée. Il ne pourra descendre
qu'à trois mètres du sol de la voie
publique.

Tout crochet destiné à soutenir des
viandes en étalage devra être placé de
manière que les viandes ne puissent
excéder le nu des murs de face, ni
faire aucune saillie sur la voie publique.

SECTION VII.

Tuyaux de poële et de cheminée.

15. A l'avenir, et pour toutes les

maisons de construction nouvelle, aucun tuyau de poële ne pourra déboucher sur la voie publique.

Dans l'année de la publication de la présente ordonnance, les tuyaux de poële crêtés et autres qui débouchent actuellement sur la voie publique, seront supprimés, s'il est reconnu qu'ils peuvent avoir une issue intérieure. Dans le cas où la suppression ne pourrait avoir lieu, ces mêmes tuyaux seraient élevés jusqu'à l'entablement, avec les précautions nécessaires pour assurer leur solidité, et empêcher l'eau rousse de tomber sur les passans.

16. Les tuyaux de cheminée en maçonnerie et en saillie sur la voie publique seront démolis et supprimés,

lorsqu'ils seront en mauvais état, ou que l'on fera de grosses réparations dans les bâtimens auxquels ils sont adossés.

Les tuyaux de cheminée en tôle, en poterie et en grès, ne pourront être conservés extérieurement sous aucun prétexte.

SECTION VIII.

Bannes.

17. La permission d'établir des bannes ne sera donnée que sous la condition de les placer à trois mètres au moins au-dessus du sol, dans sa partie la plus basse, de manière à ne pas gêner la circulation. Leurs supports seront horizontaux. Elles n'auront de joues qu'autant que les loca-

lités le permettront, et les dimensions
en seront déterminées par l'autorité.

Les bannes devront être en toile ou
en coutil, et ne pourront, dans aucun cas, être établies sur châssis.

La saillie des bannes ne pourra excéder un mètre cinquante centimètres.

Dans l'année de la publication de
la présente ordonnance, toutes les
bannes qui ne seront pas conformes
aux conditions exigées plus haut, seront changées, réduites ou supprimées.

SECTION IX.

Perches.

18. Les perches et étendoirs des
blanchisseuses, teinturiers, dégrais-
seurs, couverturiers, etc., ne pour-

ront être établis que dans les rues écartées et peu fréquentées, et après une enquête *de commodo et incommodo*, sur laquelle il sera statué comme il a été dit en l'article 10 ci-dessus.

SECTION X,

Éviers.

19. Les éviers pour l'écoulement des eaux ménagères seront permis, sous la condition expresse que leur orifice extérieur ne s'élevera pas à plus d'un décimètre au-dessus du pavé de la rue.

SECTION XI,

Cuvettes.

20. A l'avenir et dans toutes les maisons de construction nouvelle, il

ne pourra être établi en saillie sur la voie publique aucune espèce de cuvettes pour l'écoulement des eaux ménagères des étages supérieurs.

Dans les maisons actuellement existantes, les cuvettes placées en saillie seront supprimées lorsqu'elles auront besoin de réparation, s'il est reconnu qu'elles peuvent être établies à l'intérieur. Dans le cas contraire, elles seront disposées, autant que faire se pourra, de manière à recevoir les eaux intérieurement, et garnies de hausses pour prévenir le déversement des eaux et toute éclaboussure au-dessous.

SECTION XII.

Construction en encorbellement.

21. A l'avenir, il ne sera permis

aucune construction en encorbellement ; et la suppression de celles qui
existent aura lieu toutes les fois qu'elles
seront dans le cas d'être réparées.

SECTION XIII.

Corniches ou entablemens.

22. Les entablemens et corniches
en plâtre, au-dessus de seize centimètres de saillie, seront prohibés dans
toutes les constructions en bois.

Il ne sera permis d'établir des corniches ou entablemens de plus de seize
centimètres de saillie, qu'aux maisons
construites en pierre ou moëllon, sous
la condition que ces corniches seront
en pierre de taille ou en bois, et que
la saillie n'excédera, dans aucun cas,
l'épaisseur du mur à sa sommité.

On pourra permettre des corniches ou entablemens en bois sur les pans de bois.

Les entablemens ou corniches des maisons actuellement existantes qui auront besoin d'être reconstruites en tout ou en partie, seront réduits à la saillie de seize centimètres, s'ils sont en plâtre, et ne pourront excéder en saillie l'épaisseur du mur à sa sommité, s'ils sont en pierre ou bois.

SECTION XIV.

Goutières saillantes.

23. Les goutières saillantes seront supprimées en totalité dans le délai d'une année, à partir de la publication de la présente ordonnance.

Il ne sera perçu aucun droit de pe-
tite voirie pour les tuyaux de descente
qui seront établis en remplacement
des goutières saillantes supprimées
dans ce délai.

SECTION XV.

Devantures de boutique.

24. Les devantures de boutique,
montres, bustes, reliefs, tableaux,
enseignes et attributs fixes, dont la
saillie excède celle qui est permise par
l'article 3 de la présente ordonnance,
seront réduits à cette saillie ; lorsqu'il
y sera fait quelques réparations.

Dans aucun cas, les objets ci-dessus
désignés qui sont susceptibles d'être
réduits, ne pourront subsister ; sa-

voir : les devantures de boutique, au-
delà de neuf années, et les autres objets, au-delà de trois années, à compter de la publication de la présente
ordonnance.

Les établissemens du même genre
qui sont mobiles, seront réduits dans
l'année.

Seront supprimées dans le même
délai toutes saillies fixes placées au-
devant d'autres saillies.

25. Il n'est point dérogé aux dispositions des anciens réglemens concernant les saillies, ni au décret du 13
août 1810, concernant les auvents
des spectacles et de l'esplanade des boulevards, en tout ce qui n'est pas contraire à la présente ordonnance.

26. Notre ministre-secrétaire-d'état

au département de l'intérieur est chargé de l'exécution de la présente ordonnance.

Donné au château des Tuileries,
le 24 décembre, de l'an de grâce mil
huit cent vingt-trois, et de notre règne
le vingt-neuvième.

LOUIS.

Par le Roi :

*Le ministre secrétaire-d'état de
l'intérieur,*

CORBIÈRE.

ORDONNANCE DU ROI,

Relative aux navires capturés.

LOUIS, PAR LA GRACE DE DIEU, ROI DE FRANCE ET DE NAVARRE,

Vu le traité conclu à Madrid le 5 janvier 1824,

Sur le rapport de notre ministre secrétaire-d'état au département de la marine et des colonies,

Nous avons ordonné et ordonnons ce qui suit :

Art. 1.er Il sera formé près de notre ministre secrétaire-d'état de la marine, une commission composée de quatre conseillers-d'état et de cinq maîtres des requêtes.

Cette commission sera chargée de la liquidation des pertes que le commerce français a éprouvées par suite des captures faites en mer dans le cours de la dernière guerre.

Elle réglera, d'après les réclamations appuyées de pièces, la valeur des indemnités dues à chacun des armateurs et chargeurs des navires capturés, et de leurs ayant-cause.

Les avis de cette commission seront soumis à l'approbation de notre ministre secrétaire-d'état au département de la marine, dont les décisions seront exécutoires, sauf recours devant nous, en notre conseil-d'état, dans les délais prescrits par les réglemens.

2. Les contestations relatives à la propriété, soit des navires capturés

et de leur chargement, soit de l'indemnité à laquelle leur capture aura donné droit, seront jugées par les tribunaux ordinaires.

3. Il sera procédé par les soins du département de la marine, à la vente par adjudication publique et à l'enchère, selon les formes établies, des bâtimens, ainsi que leurs cargaisons, qui nous sont abandonnés par le traité du 5 janvier 1824.

4. Les fonds provenant des ventes faites en vertu de l'article précédent, seront versés à la caisse des dépôts et consignations, pour être appliqués au paiement des indemnités liquidées, conformément aux dispositions de l'article 1.er de la présente ordonnance.

5. Notre ministre secrétaire-d'état

de la marine et des colonies, et notre ministre secrétaire-d'état des finances, sont chargés, chacun en ce qui le concerne, de l'exécution de la présente ordonnance, qui sera insérée au Bulletin des Lois.

Donné au château des Tuileries, le 25 janvier, de l'an de grâce 1824, et de notre règne le 29.e

LOUIS.

Par le Roi :

Le pair de France, ministre secrétaire-d'état de la marine et des colonies,

Marquis DE CLERMONT-TONNERRE.

ORDONNANCE DU ROI,

Relative aux prisonniers de guerre.

LOUIS, PAR LA GRACE DE DIEU, ROI DE FRANCE ET DE NAVARRE :

Vu notre ordonnance du 27 août 1814, art 9, par laquelle nous avons réglé le mode d'admission du temps de prisonnier de guerre pour les militaires de l'armée de terre, que le sort des armes a fait tomber au pouvoir de l'ennemi ;

Considérant que nous devons également protection et secours aux marins que les malheurs irréparables de la guerre ont rangés dans une position non moins digne d'intérêt ,

Sur le rapport de notre ministre secrétaire-d'état de la marine et des colonies,

Nous avons ordonné et ordonnons ce qui suit :

Art. 1.er Le temps de captivité, comme prisonnier de guerre, sera compté désormais pour sa durée simple dans les services effectifs donnant droit à la solde de retraite, pension et demi-solde sur la caisse des invalides de la marine, aux marins et autres individus entretenus ou non entretenus qui auront été faits prisonniers au service de l'Etat.

Ce temps sera également compté à tout marin pris sur un bâtiment français armé en course, comme service effectif, pour l'obtention des demi-

4

soldes et pensions , d'après la loi du 13 mai 1791 , et seulement comme bénéfice pour les soldes de retraite, ainsi qu'il est établi par les articles 8 et 9 du réglement du 29 août 1803.

2. Les dispositions de la présente ordonnance sont applicables aux demi-soldes, pensions et solde de retraite qui n'ont pas encore été réglées.

3. Notre ministre secrétaire-d'état de la marine et des colonies est chargé de l'exécution de la présente ordonnance.

Donné à Paris , le 22 janvier, de l'an de grâce 1824, et de notre règne le 29.

Par le Roi :   LOUIS.

Le pair de France , ministre secrétaire-d'état de la marine et des colonies ,

Marquis DE Clermont-Tonnerre.

ORDONNANCE DU ROI,

Relative aux fonds versés par les Avoués à la Caisse des dépôts et consignations.

LOUIS, PAR LA GRACE DE DIEU, ROI DE FRANCE ET DE NAVARRE,

A tous présens et à venir, salut.

Vu les articles 110 et 111 de la loi du 28 avril 1816, relatifs à la création de la Caisse des dépôts et consignations ;

Vu notre ordonnance du 3 juillet de la même année, laquelle dispose que tous les frais et risques relatifs à la garde, conservation et restitution des fonds consignés, seront à la charge de cette Caisse, que ses préposés, leurs commis ou employés ne pourront se faire payer par les déposans, ou par ceux qui retirent les sommes consignées, aucun droit de garde, prompte expédition ou autre rétribution, à quelque titre que ce soit ;

Vu notre ordonnance du 2 juillet 1817, par laquelle nous avons autorisé le directeur-général de la Caisse des dépôts et consignations, à faire payer un tiers pour cent de remise aux avoués près les tribunaux du département de la Seine, sur le montant des consignations qu'ils auraient fait verser à ladite Caisse ;

Considérant que c'est par le seul intérêt de la sûreté des propriétés qu'est établi le régime des consignations, tel qu'il a été définitivement organisé par la loi du 28 avril et notre ordonnance du 5 juillet 1816 ; et que, si par des conditions spéciales tendantes à la conservation de cette portion de la propriété qui, sous le nom de *consignation*, peut rester momentanément litigieuse et incertaine, non-seulement elle a été exonérée des frais de garde auxquels elle était autrefois assujétie, mais encore admise à produire un intérêt annuel, à titre de dédommagement pour les propriétaires définitifs, les autres frais accessoires auxquels pourrait donner lieu le versement des sommes à consigner ne doivent pas être ajoutés aux obligations imposées à la Caisse des dépôts et consignations ;

4 *

Considérant que s'il a paru utile d'accorder aux officiers ministériels du département de la Seine, une remise d'un tiers pour cent sur les sommes qu'ils feraient déposer à la Caisse des dépôts et consignations, cette allocation n'a pu être regardée comme une condition absolue, puisqu'elle n'est pas générale; que les consignations peuvent s'opérer sans le ministère des avoués; qu'aucune rétribution n'est accordée aux avoués des départemens, qui y concourent, et que, comme exception, il importe de la faire cesser;

Considérant enfin qu'aucune consignation ne peut être valablement ordonnée par nos cours et tribunaux, et les administrations, et que tout officier ministériel ne peut, sans compromettre les intérêts de ses cliens, et sans contrevenir aux obligations qui lui sont imposées, conserver des sommes de nature à être versées dans la Caisse des dépôts et consignations ;

Sur le rapport qui nous a été fait par notre ministre secrétaire-d'état des finances, d'après les observations de la commission de surveillance instituée par la loi du 28 avril 1816,

Nous avons ordonné et ordonnons ce qui suit :

Art. 1.er Notre ordonnance du 2 juillet 1817, par laquelle nous avons autorisé le directeur de la Caisse des dépôts et consignations à faire payer un tiers pour cent de remise aux avoués près les tribunaux du département de la Seine, sur le montant des consignations qu'ils auraient fait verser à ladite Caisse, est et demeure rapportée.

2. Notre ministre secrétaire-d'état des finances est chargé de l'exécution de la présente ordonnance, qui sera insérée au Bulletin des Lois.

Donné au château des Tuileries, le 1.er février, de l'an de grâce mil huit cent vingt-quatre, et de notre règne le vingt-neuvième.

LOUIS.

Par le Roi :

Le ministre secrétaire-d'état des finances,

Jh. DE VILLÈLE.

ORDONNANCE DU ROI,

Relative aux amendes versées chez les Receveurs de l'enregistrement, prononcées par voie de police rurale, municipale et correctionnelle.

LOUIS, PAR LA GRACE DE DIEU, ROI DE FRANCE ET DE NAVARRE,

À tous présens et à venir, salut.

Vu notre ordonnance du 19 février 1820, l'article 466 du Code pénal, et le décret du 17 mai 1809 ;

Sur le rapport de nos ministres secrétaires-d'état aux départemens de l'intérieur et des finances,

Nous avons ordonné et ordonnons ce qui suit :

Art. 1.er Conformément à l'article
19 de la loi du 19 décembre 1790,
les receveurs de l'enregistrement continueront de faire la recette des amendes prononcées tant par voie de police
rurale et municipale, que par voie
de police correctionnelle, à la charge
par eux d'en tenir une comptabilité distincte et séparée, d'en rendre
compte annuellement aux préfets, et
de leur transmettre, au mois de janvier de chaque année, 1.º un état
sommaire, et divisé par communes,
des sommes dont ils auront opéré le
recouvrement dans le cours de l'année
précédente, sur les amendes prononcées par voie de simple police ; 2.º un
état dressé dans la même forme, et
présentant les recouvremens opérés

sur les amendes de police correctionnelle.

2. Les greffiers des tribunaux seront tenus d'envoyer aux préfets, au
commencement de chaque semestre,
le relevé des jugemens portant con-
damnation d'amende et rendus dan s
le cours du semestre précédent, pour
servir à contrôler les états de recouvrement produits par les receveurs.

3. Pourront, en outre, les préfets faire vérifier, quand ils le jugeront convenable, soit par les inspecteurs-généraux ou particuliers des
finances, soit par les inspecteurs de
l'administration de l'enregistrement
des domaines, les états de recouvrement qui leur auront été remis par
les receveurs. Ces comptables seront

tenus de donner aux inspecteurs désignés pour cette opération , commu-
nication de leurs registres et de toutes
les pièces et documens qu'elle rendra
nécessaires.

4. Les amendes de police rurale et
municipale qui seront recouvrées à
compter du 1.ᵉʳ janvier 1824, ap-
partiendront exclusivement aux communes dans lesquelles les contraventions auront été commises, le tout
ainsi qu'il est prescrit par l'art. 466
du Code pénal.

Le produit en sera versé dans leurs
caisses, distraction faite préalablement des remises et taxations des receveurs, sur les mandats qui en seront délivrés , au nom des receveurs
municipaux, par les préfets, immé-

diatement après la remise et la vérification des états de recouvrement.

5. Les amendes de police correctionnelle qui seront recouvrées à
compter dudit jour 1.er janvier 1824,
seront versées par les receveurs des
domaines, distraction faite de leurs
remises ou taxations, et sur les mandats des préfets délivrés également au
vu des états de recouvrement, au nom
des receveurs des finances, à la caisse
de ces derniers comptables, qui en
feront recette distincte au profit des
communes, comme des produits communaux centralisés à la recette générale de chaque département, pour
être employés sous la direction des
préfets.

6. Le produit des amendes versé

à la caisse des receveurs des finances
formera un fonds commun qui sera
tenu à la disposition des préfets, et
qui sera applicable, 1.º au remboursement des frais de poursuite tombés
en non-valeurs, soit en matière de
police correctionnelle, soit en matière
de simple police ; 2.º au paiement des
droits qui seront dus aux greffiers
des tribunaux pour les relevés des
jugemens mentionnés en l'article 2 ;
3.º au service des enfans trouvés et
abandonnés, jusqu'à concurrence du
tiers du produit excédant lesdits frais ;
4.º et pour les deux autres tiers, aux
dépenses des communes qui éprou-
veront le plus de besoins, d'après la
répartition qui en sera faite par les
préfets, et par eux soumise, dans le

cours du premier semestre de chaque
année, à l'approbation de notre ministre secrétaire-d'état de l'intérieur.

7. Nos ministres secrétaires-d'état
de l'intérieur, de la justice et des
finances, sont chargés de l'exécution
de la présente ordonnance, qui sera
insérée au Bulletin des Lois.

Donné en notre château des Tuileries, le 30 décembre, de l'an de
grâce 1823, et de notre règne le vingt-
neuvième.

LOUIS.

Par le Roi :

*Le ministre secrétaire-d'état de
l'intérieur,*

CORBIÈRE.

ORDONNANCE DU ROI,

Relative à la construction d'un pont sur le Rhône, entre Tain et Tournon.

LOUIS, PAR LA GRACE DE DIEU, ROI DE FRANCE ET DE NAVARRE,

A tous ceux qui ces présentes verront, salut.

Sur le rapport de notre ministre secrétaire-d'état au département de l'intérieur,

Vu les délibérations des conseils municipaux des villes de Tain et de Tournon, relatives à l'établissement d'un pont sur le Rhône, pour communiquer de l'une à l'autre de ces villes ;

Vu le projet de ce pont présenté par les sieurs Seguin et Compagnie, d'Annonay, et l'avis du conseil-général des ponts et chaussées ;

Notre conseil-d'état entendu,

Nous avons ordonné et ordonnons ce qui suit :

Art. 1.er Il sera établi un pont suspendu sur le Rhône, entre les villes de Tain et de Tournon.

2. Les sieurs Seguin et Compagnie, d'Annonay, sont autorisés à construire ce pont à leurs frais, risques et périls, conformément au projet examiné par le conseil-général des ponts et chaussées, et approuvé par le directeur-général de cette administration ; les clauses et conditions de la soumission souscrite par eux à

5 *

ce sujet, le 17 octobre 1823, sont adoptées.

3. Pour les indemniser des dépenses que doit entraîner la construction de ce pont et son entretien annuel, il leur est fait concession des produits du péage à établir sur ce pont après son achèvement. Cette concession leur est faite pour quatre-vingt-dix-neuf ans, à dater du jour où l'administration, après avoir fait constater la solidité du pont, reconnaîtra qu'il peut être livré au public.

4. Dans le cas où le passage sur le pont serait interrompu par le fait de réparations, la Compagnie Seguin sera tenue de rétablir, sans délai, le passage par un bac à traille ou par des barques, suivant les usages du

pays ; faute par elle de faire ces réparations dans les délais que notre
directeur-général des ponts et chaussées jugera convenable de fixer, elle
sera tenue de verser dans les caisses
de l'Etat le droit de fermage, tel qu'il
est réglé par le bail du fermier actuel
du bac, et ce pendant tout le temps
qui s'écoulera entre l'expiration de ces
délais et la réouverture du passage
sur le pont.

5. Le tarif du péage à établir sur
le pont sera conforme à celui qui est
ci-annexé.

6. A l'expiration de la concession
du péage, le pont suspendu, mis
en bon état par la Compagnie, sera
remis par elle aux agens des ponts

et chaussées, et il deviendra la propriété de l'Etat.

7. Notre ministre secrétaire-d'état au département de l'intérieur est chargé de l'exécution de la présente ordonnance, qui sera insérée au Bulletin des Lois, avec le tarif du péage.

Donné au château des Tuileries, le 22 janvier, de l'an de grâce mil huit cent vingt-trois, et de notré règne le vingt-neuvième.

LOUIS.

Par le Roi :

Le ministre secrétaire-d'état au département de l'intérieur,

CORBIÈRE.

ORDONNANCE DU ROI,

Concernant les Élèves d'adminis-
tration de la marine.

LOUIS, PAR LA GRACE DE DIEU,
ROI DE FRANCE ET DE NAVARRE,

A tous présens et à venir, salut.

Vu l'arrêté du 19 avril 1804, portant création des élèves d'administration de la marine,

Sur le rapport de notre ministre
secrétaire - d'état au département de
la marine et des colonies,

Nous avons ordonné et ordonnons
ce qui suit :

Art. 1.er Le nombre des élèves
d'administration de la marine est fixé
à dix.

Les élèves d'administration seront nommés par nous, sur la présentation de notre ministre secrétaire-d'état au département de la marine.

Nul ne sera présenté s'il n'a été jugé admissible dans un concours public, qui sera ouvert à cet effet chaque année à Paris, dans la première quinzaine du mois de juillet.

Nul ne sera admis à concourir s'il ne remplit les conditions exigées par l'article 2 de la présente ordonnance.

2. Dans la première quinzaine du mois de mai de chaque année, notre ministre secrétaire-d'état au département de la marine arrêtera la liste des candidats qui pourront se présenter au concours.

Les candidats, pour être inscrits

sur cette liste, auront dû justifier par pièces authentiques à notre ministre de la marine, qu'ils sont âgés de 18 ans au moins, et de 22 ans au plus;

Qu'ils ont terminé leurs études dans la Faculté des lettres;

Qu'ils ont acquis le grade de licencié en droit;

Qu'ils possèdent la connaissance de l'une des langues espagnole ou anglaise;

Qu'ils ont une conduite régulière et professent des sentimens honorables;

Que leurs parens s'engagent à leur faire, pendant quatre ans, une pension annuelle de 800 fr. au moins, ou qu'ils possèdent par eux-mêmes un revenu équivalant à cette somme.

Les commis de la marine entretenus de première et deuxième classes,
âgés de 26 ans au plus, qui rem-
pliraient toutes les conditions prescrites ci-dessus, pourront obtenir de
notre ministre de la marine l'autorisation de concourir pour les places
d'élèves d'administration.

3. Les membres du jury, pour
ce concours public, seront nommés
par notre ministre secrétaire - d'état
au département de la marine.

L'examen portera sur les objets
ci-après :

L'écriture, la grammaire française,
le dessin des plans ;

L'arithmétique démontrée, la géo-
métrie jusques et compris les solides,
la trigonométrie rectiligne, les élé-
mens de l'algèbre;

La traduction d'un morceau d'un poëte et d'un historien latin de la force exigée en rhétorique ;

Le candidat devra traiter par écrit un sujet de composition française qui lui sera donné par le jury. Il devra justifier qu'il parle et écrit correctement l'une des langues espagnole ou anglaise.

4. Les élèves d'administration prendront rang avec les commis principaux de la marine, et en porteront l'uniforme.

La solde des élèves est fixée à huit cents francs par an, à terre comme à la mer.

Lorsqu'ils seront embarqués, comme commis aux revues, ils recevront le traitement de table et les indemnités des frais de bureau, en raison de l'espèce de bâtiment.

5. Les élèves d'administration serviront en cette qualité pendant quatre ans; ils seront successivement employés dans les différens ports militaires du Royaume, et pendant six mois au moins, dans un des grands ports de commerce.

Dans le cours de l'année qui précédera celle où ils doivent subir leur examen pour le grade de sous-commissaire de la marine, les élèves d'administration seront embarqués, en qualité de commis aux revues et aux approvisionnemens, sur un de nos bâtimens à trois mâts, ayant cent hommes au moins d'équipage, et employé à une navigation effective.

La durée de l'embarquement devra être de six mois au moins, et d'un an au plus.

6. Les élèves ne pourront obtenir de congé qu'en vertu d'une autorisation de notre ministre secrétaire-d'état au département de la marine. Ils ne pourront se marier qu'après avoir obtenu sa permission.

7. Il sera ouvert chaque année, dans le courant du mois de septembre, au port que notre ministre de la marine désignera à cet effet, un concours pour l'examen des élèves d'administration qui auront servi quatre ans en cette qualité.

Le jury d'examen sera composé ainsi qu'il suit :

L'intendant de la marine, président ;

Le commissaire général ou principal ;

Le contrôleur et deux commissaires de la marine.

Le premier professeur de mathématiques du port, des maîtres de langues et le professeur de dessin attaché à la compagnie des élèves, seront appelés pour procéder, en ce qui les concerne, à l'examen des candidats en présence du jury.

Un sous-commissaire ou un sous-contrôleur de la marine remplira les fonctions de secrétaire du jury.

L'examen sera public et portera sur les objets ci-après :

Les deux trigonométries et l'algèbre, y compris les équations du second degré ;

Les connaissances relatives à l'extraction, aux qualités, aux prix, à la conservation et à l'emploi des principales munitions navales ;

Les opérations-pratiques et les formes administratives des arsenaux, de l'inscription maritime et des bâtimens armés ;

La connaissance des lois, ordonnances et réglemens relatifs à la marine, à la navigation, aux prises et au commerce maritime ;

Le dessin et le lavis des plans et la connaissance d'une des deux langues

6 *

étrangères mentionnées à l'art. 3 de la présente ordonnance.

Les élèves devront en outre traiter par écrit, dans un temps donné et en présence du secrétaire du jury d'examen, une question administrative posée par le président.

8. Les élèves qui auront été jugés susceptibles d'être admis au grade de sous-commissaire, seront classés suivant leur ordre de mérite d'après leur examen. Les 4/5° des voix seront nécessaires pour obtenir ce grade.

Ceux qui n'auraient pas réuni le nombre des suffrages exigé, pourront être autorisés par notre ministre secrétaire-d'état au département de la marine à prolonger leur noviciat pendant un an. Ils concourront alors une seconde fois pour le grade de sous-commissaire, et s'ils ne sont pas jugés admissibles, ils seront congédiés.

9. Les élèves d'administration que le jury d'examen aura reconnus admissibles au grade de sous-commissaire, en recevront les appointemens et prendront rang à dater du jour de l'examen.

La moitié des emplois qui viendront à vaquer dans le grade de sous-commissaire, leur sera destinée jusqu'au jour où ils seront tous placés.

10. Notre ministre secrétaire-d'état au département de la marine déter-

minera, par un réglement particulier,
le mode du concours des candidats aux
places d'élèves d'administration et du
concours des élèves pour le grade de
sous-commissaire.

11. L'acte du 19 avril 1804 est
rapporté.

Néanmoins les dispositions de cet
acte, qui sont modifiées par la présente ordonnance, seront applicables
aux élèves d'administration qui se
trouvent aujourd'hui en activité de
service.

12. Notre ministre secrétaire-d'état
au département de la marine et des
colonies est chargé de l'exécution de
la présente ordonnance, qui sera insérée au Bulletin des Lois.

Donné en notre château des Tuileries, le 28 janvier, de l'an de grâce 1824, et de notre règne le vingt-neuvième.

LOUIS.

Par le Roi :

Le pair de France, ministre secrétaire-d'état de la marine et des colonies,

Marquis de Clermont-Tonnerre.

ORDONNANCE DU ROI,

Relative aux dimensions des bandes de roues.

LOUIS, PAR LA GRACE DE DIEU, ROI DE FRANCE ET DE NAVARRE,

A tous ceux qui ces présentes verront, salut.

Sur le rapport du comité du contentieux ;

Vu le pourvoi formé par notre ministre de l'intérieur, ledit pourvoi enregistré au secrétariat-général de notre conseil-d'état, le 18 septembre 1823, et tendant à ce qu'il nous plaise annuller un arrêté du conseil de préfecture du département de l'Indre, du 9 juillet 1823, dans la disposition relative aux moyens de vérification de la largeur des bandes des roues de voiture ;

Vu la lettre du préfet de l'Indre, du 11 octobre 1823, constatant que ce pourvoi a été signifié administrativement au sieur Besse, qui n'a pas produit de défense ;

Vu le procès-verbal de contravention dressé contre le sieur Besse, le 13 mars 1823, par le sieur Despéramont, ingénieur ordinaire des ponts et chaussées ;

Vu l'arrêté du maire de Châteauroux, du 19 mars 1823, portant que le sieur Besse consignera entre les mains du receveur de la ville le montant des amendes encourues ;

Vu l'arrêté attaqué du conseil de préfecture du département de l'Indre, du 9 juillet 1823, portant confirmation de l'amende relative au défaut de plaque, et qu'il n'y a pas lieu de prononcer l'amende relative au défaut de largeur des bandes, attendu que ce défaut de largeur n'a pas été vérifié par les seules jauges reconnues légales ;

Vu les lois, décrets et réglemens sur la police du roulage ;

Considérant que le décret du 23 juin 1806, en énonçant que la largeur des bandes des roues de voiture sera vérifiée avec des jauges en fer déposées dans les bureaux des ponts à bascule, n'interdit pas, à peine de nullité, tout autre moyen de vérification pendant le trajet parcouru, et sur des points éloignés desdits bureaux, puisque ce serait interdire aux maires, adjoints, ingénieurs, conducteurs, commissaires de police, gendarmes et préposés aux contributions indirectes et aux octrois, le droit qu'ils ont de constater lesdites contraventions, en l'absence des préposés aux ponts à bascule, et sur tous les points de la route ; qu'ainsi le conseil de préfecture, en faisant une fausse application de l'article 19 du décret du 23 juin 1806, a mal-à-propos modifié la décision provisoire du maire de Châteauroux ;

Notre conseil-d'état entendu ,

Nous avons ordonné et ordonnons ce qui suit :

7

Art. 1.ᵉʳ L'arrêté du conseil de préfecture du département de l'Indre, du 9 juillet 1823, est annullé dans la disposition portant qu'il n'y a pas lieu de condamner le sieur Besse à l'amende pour défaut de largeur aux bandes des roues de sa voiture.

2. La décision provisoire du maire de Châteauroux, du 19 mars 1823, est déclarée définitive dans toutes ses dispositions contre le sieur Besse.

3. Notre garde-des-sceaux, ministre secrétaire-d'état au département de la justice, et notre ministre secrétaire-d'état au département de l'intérieur, sont chargés, chacun en ce qui le concerne, de l'exécution de la présente ordon-

nance, qui sera insérée au Bulletin des Lois.

Donné en notre château des Tuileries, le 4 février, de l'an de grâce mil huit cent vingt-quatre, et de notre règne le vingt-neuvième.

LOUIS.

Par le Roi :

Le garde-des-sceaux, ministre secrétaire-d'état au département de la justice,

C.te DE PEYRONNET.

———

ORDONNANCE DU ROI,

Relative aux juges-auditeurs.

LOUIS, PAR LA GRACE DE DIEU, ROI DE FRANCE ET DE NAVARRE,

A tous ceux qui ces présentes verront, salut.

Vu l'article 15 de la loi du 20 avril 1610, duquel il résulte que le mode de nomination des conseillers-auditeurs et des juges-auditeurs, et celui de leur service dans les cours et tribunaux, doit être fixé par des réglemens d'administration publique ;

L'article 13 du réglement du 22 mars 1813, duquel il résulte que les juges-auditeurs peuvent être placés concurremment avec les conseillers-auditeurs dans les tribunaux de première instance, composés de plus de trois juges ;

Enfin, l'article 9 de l'ordonnance du 19 novembre 1823, portant que « des juges-auditeurs pourront être » placés près nos tribunaux de pre- » mière instance, quel que soit le » nombre des juges dont ces tribu- » naux seront composés,

« Et qu'ils ne recevront pas de » traitement » ;

Considérant qu'il importe de li- miter le nombre des juges-auditeurs qui pourront être envoyés dans le ressort de chaque cour royale ;

Qu'il est convenable de propor- tionner ce nombre à celui des tri-

7 *

bunaux de première instance, auprès desquels ils pourront être placés;

Que la fixation faite par les réglemens antérieurs avait été établie sur cette base;

Sur le rapport de notre garde-des-sceaux, ministre secrétaire-d'état au département pe la justice,

Notre conseil-d'état entendu,

Nous avons ordonné et ordonnons ce qui suit :

Art. 1.er Le nombre des juges-auditeurs ne pourra, dans le ressort de chaque cour royale, excéder le double du nombre des tribunaux de première instance de ce ressort.

2. Notre garde-des-sceaux, ministre secrétaire-d'état au département de la justice, est chargé de

l'exécution de la présente ordonnance, qui sera insérée au Bulletin
des Lois.

Donné au château des Tuileries,
le 11 février, l'an de grâce 1824,
et de notre règne le 29.

LOUIS.

Par le Roi :

*Le garde-des-sceaux, ministre
secrétaire-d'état de la justice,*

Comte DE PEYRONNET.

ORDONNANCE DU ROI,

Relative à la Compagnie des ver-
reries de Vonèche-Baccarat.

LOUIS, PAR LA GRACE DE DIEU,
ROI DE FRANCE ET DE NAVARRE,

A tous ceux qui ces présentes verront, salut.

Vu les articles 31 à 37, 40 et
45 du Code de commerce;

Sur le rapport de notre ministre
secrétaire-d'état au département de
l'intérieur,

Notre conseil-d'état entendu,

Nous avons ordonné et ordonnons
ce qui suit :

Art. 1.er La Société anonyme for-

mée à Baccarat (Meurthe), entre
les propriétaires de la manufacture
des cristaux établie audit lieu, est
autorisée, sous le nom de *Compagnie
des verreries et cristalleries de
Vonèche-Baccarat*. Ses statuts, sauf
la réserve ci-après, sont approuvés
tels qu'ils sont, contenus dans l'acte
social passé le 14 février 1824, por-
devant Lemoine et son collègue, notaires à Paris, lequel restera annexé
à la présente ordonnance.

2. Du mode de voter établi par
l'article 33 des statuts pour le cas qui
y est prévu, il ne pourra être induit
que la Société, à son terme, puisse
être renouvelée autrement que par
le consentement unanime des ayant-
droit.

3. Nous nous réservons de révoquer notre autorisation en cas de non exécution ou de violation des statuts, sans préjudice des droits et dommages-intérêts des tiers.

4. La Société sera tenue d'adresser, tous les six mois, un extrait de son état de situation, au préfet du département de la Meurthe, et au greffe du tribunal de première instance de Lunéville, faisant fonction de tribunal de commerce. Pareil extrait sera remis à notre ministre de l'intérieur.

5. Notre ministre secrétaire-d'état au département de l'intérieur est chargé de l'exécution de la présente ordonnance, qui sera publiée au Bulletin des Lois, avec l'acte social y annexé, et insérée tant au Moni-

teur que dans l'un des journaux destinés aux annonces judiciaires du département de la Meurthe.

Donné au château des Tuileries,
le 3 mars, de l'an de grâce mil huit
cent vingt-quatre, et de notre règne
le vingt-neuvième.

LOUIS.

Par le Roi :

Le ministre secrétaire-d'état au
département de l'intérieur,

Corbière.

ORDONNANCE DU ROI,

Relative à la Société d'assurance mutuelle contre la grêle, formée à Arras.

.LOUIS, PAR LA GRACE DE DIEU, ROI DE FRANCE ET DE NAVARRE,

A tous présens et à venir, salut.

Sur le rapport de notre ministre secrétaire‑d'état au département de l'intérieur,

Notre conseil‑d'état entendu,

Nous avons ordonné et ordonnons ce qui suit :

Art. 1.er La Société d'assurance mutuelle contre la grêle, formée à Arras, par un acte passé devant Isam-

bert, notaire royal à Arras, le 4
mars 1823, est autorisée pour les
départemens du Pas-de-Calais, du
Nord et de la Somme; les statuts
contenus audit acte, et les articles
supplémentaires contenus dans l'acte
passé devant le même notaire, le 22
novembre suivant, sont approuvés et
resteront annexés à la présente ordonnance.

2. La Société devra réunir, dans
tous les temps, au moins les mêmes
valeurs d'assurances que celles qui sont
exigées par l'article 4 des statuts pour
que l'association puisse avoir son effet ;
faute de quoi, elle devra prendre fin.

3. La présente autorisation étant
accordée à ladite Société, à la charge
par elle de se conformer aux lois et à

8

ses statuts, nous nous réservons, dans
le cas où les conditions ne seraient pas
accomplies, de révoquer ladite approbation, sauf les actions à exercer devant les tribunaux par les particuliers, à raison des infractions commises à leur préjudice.

4. La Société sera tenue de délivrer, tous les six mois, copie de son
état de situation au préfet du département du Pas-de-Calais, ainsi qu'au
greffe du tribunal de première instance d'Arras ; elle adressera également une copie de cet état aux préfets des autres départemens compris
dans son système d'assurance. Pareille
copie en sera remise à notre ministre
secrétaire-d'état de l'intérieur.

5. Notre ministre secrétaire-d'état

au département de l'intérieur est chargé de l'exécution de la présente ordonnance, qui sera publiée au Bulletin des Lois, avec le dispositif des actes annexés, et insérée tant au Moniteur que dans les journaux des annonces judiciaires des départemens dans lesquels l'association est étendue.

Donné au château des Tuileries, le 25 février, l'an de grâce mil huit cent vingt-quatre, et de notre règne le vingt-neuvième.

LOUIS.

Par le Roi :

Le ministre de l'intérieur,

CORBIÈRE.

———

ORDONNANCE DU ROI,

Relative aux canaux des Ardennes,
du duc d'Angoulême et des Quatre-
Ponts.

LOUIS, PAR LA GRACE DE DIEU,
Roi DE FRANCE ET DE NAVARRE,

A tous ceux qui ces présentes verront, salut.

Sur le rapport de notre ministre
secrétaire-d'état au département de
l'intérieur,

Vu les conventions stipulées entre
notre ministre secrétaire-d'état de l'intérieur et le sieur Sartoris, banquier
à Paris, ratifiées par la loi du 5 août
1821;

Vu ladite loi et l'ordonnance du 20 février 1822 qui autorise le sieur Sartoris et sa Compagnie à émettre des actions pour les emprunts des canaux des Ardennes, du duc d'Angoulême et des Quatre-Ponts ;

Vu les actes passés par ledit sieur Sartoris pardevant Chodron et son confrère, notaires à Paris, savoir :

1.º Celui du 28 décembre 1822, portant établissement d'actions pour la Société anonyme relative au canal des Ardennes, et un autre acte du 25 janvier 1823, portant ratification d'un des tableaux annexés à l'acte du 28 décembre ;

2.º Celui du même jour 28 décembre 1822, portant établissement d'actions pour la Société relative au

8 *

canal du duc d'Angoulême, et un autre acte du 25 janvier 1823, portant rectification d'un des tableaux annexés à l'acte précédent ;

3.º Celui du 6 janvier 1823, portant établissement d'actions pour les Sociétés anonymes relatives aux Quatre-Ponts, et pareillement un autre acte du 25 janvier même année, portant rectification d'un des tableaux annexés à l'acte précédent ;

Vu les articles 3 de chacun desdits actes qui, entr'autres dispositions, attachaient à chaque action un billet de chance pour tenir lieu des intérêts courans sur les escomptes à verser par chaque actionnaire jusqu'au complément des mises, lesquels intérêts mis en masse devaient être distribués

par la voie du sort entre les porteurs des billets de chance ;

Vu l'acte du 18 novembre 1823,
passé pardevant Chodron et son confrère, notaires à Paris, par ledit
sieur Sartoris, portant rectification
des dispositions de. l'article 3 desdits
actes, en ce qui concerne les billets
de chance, et substituant à leur tirage
au sort pour chaque emprunt, une
distribution entre toutes les actions,
d'une part égale dans ladite masse
d'intérêts ;

Vu les trois tableaux annexés audit
acte pour régler l'ordre dans lequel
ladite distribution sera faite entre
toutes les actions pour chaque emprunt ;

Vu les certificats délivrés par le

sieur Delamarre, commissaire du gouvernement près lesdites Sociétés, lesquels constatent que le sieur Sartoris a
obtenu le consentement écrit des possesseurs de toutes les actions émises
dont il n'est pas détenteur ;

Considérant que le consentement
unanime des possesseurs d'actions, à
une répartition exacte des intérêts sur
des principes encore plus équitables
que ceux qui avaient été suivis dans
les actes primitifs, lève la seule diffi-
culté que pouvait présenter la modi-
fication proposée ;

Notre conseil-d'état entendu,

Nous avons ordonné et ordonnons
ce qui suit :

Art, 1.er Le sieur Sartoris et sa
Compagnie sont autorisés à faire aux

articles 3 des actes du 28 décembre
1822 et 6 janvier 1823, relatifs à
l'émission des actions pour les canaux des Ardennes, du duc d'Angoulême es des Quatre-Ponts (Mon-
trejean, Roche de Glun, Petitvey et
Fouillac), les modifications énoncées
en l'acte du 18 novembre 1823, passé
devant Chodron et son confrère.

Ledit acte et les tableaux qui en
font partie resteront annexés à la présente ordonnance.

2. Notre ministre secrétaire-d'état
au département de l'intérieur est
chargé de l'exécution de la présente
ordonnance, qui sera insérée au Bulletin des Lois avec les actes annexés.

Pareille insertion aura lieu dans le

Moniteur, et dans un des journaux destinés aux annonces judiciaires du département de la Seine.

Donné en notre château des Tuileries, le 25 février, l'an de grâce mil huit cent vingt-quatre, et de notre règne le vingt-neuvième.

LOUIS.

Par le Roi :

Le ministre de l'intérieur,

CORBIÈRE.

ORDONNANCE DU ROI,

Relative à la Compagnie d'assurances contre l'incendie dans les départemens du Cantal, de l'Aveyron, de la Haute-Loire, de la Lozère, de l'Ardèche et du Gard.

LOUIS, PAR LA GRACE DE DIEU, ROI DE FRANCE ET DE NAVARRE,

A tous présens et à venir, salut.

Sur le rapport de notre ministre secrétaire-d'état au département de l'intérieur,

Notre conseil-d'état entendu,

Nous avons ordonné et ordonnons ce qui suit :

Art. 1.er La Compagnie méridio-

nale d'assurances mutuelle contre l'incendie dans les départemens du Cantal, de l'Aveyron, de la Haute-Loire,
dé la Lozère, de l'Ardèche et du Gard,
formée à Paris, par acte sous seing-
privé, le 23 août 1822, déposé chez
M. Guyot, notaire à Mende, le 12
octobre suivant; réformé et modifié
par acte postérieur, passé devant
Reusse et son confrère, notaires à
Paris, le 9 décembre 1823, est autorisée; les statuts, sauf la réserve
portée à l'article suivant, sont approuvés tels qu'ils sont contenus audit
acte sous seing-privé, du 23 août
1822, avec les modifications qui y
ont été apportées par l'acte du 9 décembre 1823, lesquels actes resteront
annexés à la présente ordonnance.

2. Nonobstant ce qui est dit à l'article 30 des statuts, le directeur mandataire de la Compagnie sera toujours révocable aux termes du droit commun.

3. La présente autorisation étant accordée à ladite Société, à la charge par elle de se conformer aux lois et à ses statuts, nous nous réservons de la révoquer dans le cas où ces conditions ne seraient pas accomplies, sans préjudice des actions à exercer par les particuliers devant les tribunaux, à raison des infractions commises à leur préjudice.

4. La Société sera tenue de remettre tous les ans, copie en forme de son état de situation aux préfets des dé-

partemens du Cantal, de l'Aveyron,
de la Haute-Loire, de la Lozère, de
l'Ardèche et du Gard, et aux greffes
des tribunaux de commerce de ces
départemens.

5. Notre ministre secrétaire-d'état
au département de l'intérieur nommera un commissaire auprès de ladite Compagnie ; il sera chargé de
prendre connaissance de ses opérations
et de ses statuts ; il rendra compte
du tout au ministre de l'intérieur.

Il informera les préfets des six départemens de tout ce qui, dans les
opérations de la Compagnie, pourrait intéresser l'ordre et la sûreté publique ; il les préviendra de la tenue
du conseil-général des sociétaires.

‘ Il pourra suspendre provisoirement celles des opérations de la Compagnie qui lui paraîtront contraires aux lois et aux statuts, ou dangereuses pour la sûreté publique, et ce jusqu'à dé-cision à intervenir de la part des au-torités compétentes.

6. Notre ministre secrétaire-d'état au département de l'intérieur est chargé de l'exécution de la présente ordonnance, qui sera insérée au Bul-letin des Lois avec les actes annexés.

Pareille insertion aura lieu dans le Moniteur et dans le journal des an-nonces judiciaires dans les susdits dé-partemens, sans préjudice de toute autre publication requise.

Donné en notre château des Tuileries, le **25** février, l'an de grâce mil huit cent vingt-quatre, et de notre règne le vingt-neuvième.

LOUIS.

Par le Roi :

Le ministre secrétaire-d'état au département de l'intérieur,

CORBIÈRE.

ORDONNANCE DU ROI,

Relative à *la composition du conseil de commerce et des colonies.*

LOUIS, par la grace de Dieu, Roi de France et de Navarre,

A tous ceux qui ces présentes verront, salut.

Vu notre ordonnance du 6 janvier 1824, portant création d'un conseil supérieur et d'un bureau de commerce et des colonies ;

Sur ce qu'il nous a été représenté que pour obtenir tous les avantages que nous nous sommes promis, dans l'intérêt de nos peuples, de l'institu-

9 *

tion du bureau de commerce et des colonies, il importe que la direction en soit remise, sous l'autorité du président de notre conseil des ministres, à un fonctionnaire qui ne puisse être détourné par d'autres obligations des soins assidus et suivis qu'exigent les travaux qui lui seront confiés ;

Sur le rapport du président de notre conseil des ministres,

Notre conseil-d'état entendu,

Nous avons ordonné et ordonnons ce qui suit :

Art. 1.er Les articles 2 et 4 de notre susdite ordonnance, du 6 janvier 1824, sont modifiés de la manière suivante :

Le bureau de commerce et des colonies sera composé :

D'un membre de notre conseil privé ou de notre conseil-d'état, président, lequel fera aussi partie du conseil supérieur,

Du directeur-général des douanes,

Du directeur de l'agriculture et du du commerce au ministère de l'intérieur,

Du directeur des affaires politiques au ministère des affaires étrangères,

Du directeur des colonies au ministère de la marine,

D'un conseiller-d'état, ou maître des requêtes, secrétaire-général du bureau et du conseil supérieur.

2. Le président de notre conseil des ministres est chargé de l'exécution de la présente ordonnance.

Donné au château des Tuileries, le 20 mars, l'an de grâce 1824, et de notre règne le 29.

LOUIS.

Par le Roi :
Le président du conseil des ministres,

Ju. DE VILLÈLE.

ORDONNANCE DU ROI,

Relative aux coches et diligences de la Haute-Seine, Yonne, etc.

LOUIS, PAR LA GRACE DE DIEU, ROI DE FRANCE ET DE NAVARRE,

A tous ceux qui ces présentes verront, salut.

Sur le rapport de notre ministre secrétaire-d'état au département de l'intérieur,

Vu les articles 31 à 37, 40 à 45 du Code commerce;

Vu l'acte passé le 28 juillet 1823 pardevant Maine de Glatigny et son confrère, notaires à Paris, par lequel les propriétaires actuels de l'entreprise générale des coches et diligences de la Haute-Seine, Yonne et canaux dépendans, ont transféré dans une Société anonyme ladite entreprise, avec les immeubles, le mobilier, les droits, actions et échalandage qui en dépendent, lequel acte contient les statuts de ladite Société anonyme;

Vu particulièrement les énonciations, inventaires et tableaux joints audit acte, suivant lesquels lesdits propriétaires ont évalué les objets transportés par eux dans la Société nouvelle, savoir :

Immeubles suivant le prix d'acquisition ou de construction................. 136,820ᶠ c.

Mobilier de toute espèce suivant inventaire................... 439,884 13.

Jouissance de droits acquis et places ob- tenues en concession et assurant l'échalan- dage, sur le pied du prix pour lequel l'Etat en a fait ci-devant la vente aux auteurs des propriétaires actuels.. 347,320

Total....... 924,024ᶠ 13ᶜ

Laquelle somme néanmoins lesdits propriétaires ne font valoir à leur pro- fit comme versement dans la nouvelle Société, que pour six cents mille francs ;

Vu les rapports des préfets de Seine- et-Marne, Yonne et Aube, accom- pagnés de pièces probantes, desquels il résulte que les immeubles , lesquels sont situés dans lesdits départemens, sont de la valeur totale, dans leur état actuel, de......... 130,641ᶠ c. libres de toute inscription d'hypothèque ou privilège ;

Et le rapport de l'inventaire estimatif fait par les ordres de notre ministre de l'intérieur et par les soins du commissaire - général de la navigation et des approvisionnemens de Paris, constatant que ledit mobilier de l'entreprise est de la valeur réelle de,.............. 353,215 3

Et que les jouissances
et droits actifs donnent
à l'échalandage la va-
leur de.............. 303,000
                       ─────────
        Total........ 786,956ᶠ 3ᶜ

Total qui, malgré la réduction que
présente cette estimation, comparée
aux évaluations des propriétaires,
reste son supérieur à la somme de six
cents mille francs pour laquelle seulement ledit total est reçu et fait mise
dans la Société nouvelle;

Vu au surplus l'expresse stipulation
par laquelle les propriétaires actuels
s'engagent à garantir pleinement et
entièrement la Société de tous trou-
bles, dons, douaires, dettes, hypo-
thèques, évictions, surenchères et

10

autres empêchemens généralement quelconques sur les objets par eux cédés ;

Notre conseil-d'état entendu,

Nous avons ordonné et ordonnons ce qui suit :

Art. 1.er La Société anonyme établie à Paris, sous le nom de *Compagnie des coches de la Haute-Seine, Yonne et canaux*, est autorisée ; ses statuts, sauf la réserve portée à l'article suivant, sont approuvés ainsi qu'ils sont contenus dans l'acte social du 28 juillet 1823, ci-dessus visé, lequel demeurera annexé à la présente ordonnance.

2. Notre approbation est donnée, en ce qui concerne les articles 18 et 19 des statuts ; à la charge, 1.º que

deux administrateurs au moins signe-
ront les engagemens émis pour la
Société, sans préjudice de la délibération du conseil d'administration nécessaire pour les autoriser, et dont
mention doit être faite à l'appui des
signatures; 2.° que la présence des
porteurs de la moitié des actions plus
une, requise, sauf ce qni est réglé
en l'article 21, pour former les assemblées générales, s'entendra relativement à la moitié plus une des actions
de chacune des deux séries, et non
d'une seule.

3. Nous nous réservons de retirer
notre présente autorisation, en cas
de non exécution ou de violation des
statuts, le tout sans préjudice des
droits et dommages-intérêts des tiers.

4. La Société sera tenue de faire parvenir, tous les six mois, copie de son état de situation, à notre ministre de l'intérieur, aux préfets des départemens où s'étend l'exploitation de l'entreprise, et, en outre, au greffe du tribunal de commerce et à la chambre de commerce de Paris.

5. Notre ministre secrétaire-d'état au département de l'intérieur est chargé de l'exécution de la présente ordonnance, qui, ensemble l'acte y annexé, sera publiée au Bulletin des Lois, et insérée tant au Moniteur que dans l'un des journaux destinés aux annonces judiciaires du département de la Seine et de chacun des départemens où l'entreprise est exploitée.

Donné au château des Tuileries, le 10 mars, l'an de grâce mil huit cent vingt-quatre, et de notre règue le vingt-neuvième.

LOUIS.

Par le Roi :

Le ministre secrétaire-d'état au département de l'intérieur,

CORBIÈRE.

———

ORDONNANCE DU ROI,

Relative aux indemnités pour cap-
ture des navires tant français
qu'espagnols.

LOUIS, PAR LA GRACE DE DIEU,
ROI DE FRANCE ET DE NAVARRE,

A tous présens et à venir, salut.
Nous avons ordonné et ordonnons
que la convention suivante, conclue
entre Nous et Sa Majesté catholique,
le 5 janvier 1824, et ratifiée à Paris
le 22 du même mois, sera insérée au
Bulletin des Lois pour être exécutée
suivant sa forme et teneur :

Dans le but de régler le mode
d'après lequel les sujets français et

espagnols propriétaires de bâtimens
capturés pendant le cours de l'année
précédente devaient être indemnisés
et remboursés, les soussignés, dûment
autorisés à cet effet, sont convenus
des articles suivans :

Art. 1.er Les navires espagnols capturés par les bâtimens de Sa Majesté
très-chrétienne, ainsi que leurs cargaisons, étant estimés à une valeur
approximativement égale aux prises
faites par les bâtimens et corsaires espagnols sur le commerce français, il
est convenu que les prises réciproquement faites et conduites dans les ports
de la puissance qui a fait ces prises,
demeurent acquises à chacun des deux
Gouvernemens, à la charge par eux
de régler, comme ils le jugeront con-

venable,, les indemnités dues à leurs
sujets respectifs, la France et l'Espagne renonçant mutuellement à toute
répétition à cet égard.

2. Toutefois, et attendu qu'il est
constant que des navires français capturés antérieurement au premier octobre dernier, et qui avaient été con-
duits aux îles Canaries et Baléares et
dans les ports de la Péninsule, ont
été relâchés, ce qui détruit l'exacti-
tude de la compensation admise en
principe par l'article premier de la
présente convention, le montant estimatif de ces navires sera tenu en
compte au gouvernement espagnol,
qui demeurera libre d'assigner aux
propriétaires espagnols des navires capturés leur remboursement sur le Gou-

vernement français, jusqu'à concurrence des sommes que celui-ci sera
reconnu devoir.

3. Le compte de l'estimation de ces
restitutions sera réglé d'ici au premier
mai prochain ; et, comme ces navires
ont été restitués sans que vraisembla-
blement il en ait été fait aucun inventaire ni estimation, il sera donné aux
agens espagnols toutes facultés auprès
des administrations françaises pour
qu'ils puissent se convaincre de l'exac-
titude des évaluations qui seront faites,
de concert, desdits navires, ainsi que
de leurs cargaisons.

4. Si le Gouvernement français re-
connaissait, de son côté, avoir aussi
relâché des navires espagnols capturés,

le compte en serait immédiatement
dressé, et le gouvernement espagnol
lui en rembourserait le montant, par
compensation, sur les sommes qu'il
aurait à répéter, pour le même objet,
du Gouvernement français, ou de
toute autre manière.

5. Les prises faites par les bâtimens
de l'une ou de l'autre puissance postérieurement au premier octobre 1823,
seront considérées comme nulles et
non avenues, les deux Gouvernemens
s'obligeant à en faire opérer la restitution aux propriétaires ou ayant-
droit.

En foi de quoi les soussignés, en
vertu de leurs pleins-pouvoirs respectifs, ont signé la présente convention,

et y ont apposé le cachet de leurs armes.

Fait à Madrid, le 5 janvier 1824.

L'ambassadeur de S. M. Très-Chrétienne,

(*L. S.*) *Signé* le marquis DE TALARU.

Le premier secrétaire-d'état, par intérim, de S. M. Catholique,

(*L. S.*) *Signé* le comte DE OFALIA.

Mandons et ordonnons que les présentes, revêtues du sceau de l'Etat, insérées au Bulletin des Lois, soient adressées aux cours et tribunaux et aux autorités administratives, pour qu'ils les inscrivent dans leurs registres, et notre garde-des-sceaux, mi-

nistre secrétaire-d'état au département de la justice, est chargé d'en
surveiller la publication.

Donné en notre château des Tuileries, le 28 février, de l'an de
grâce 1824, et de notre règne le vingt-
neuvième.

Signé LOUIS.

Par le Roi :

Le ministre secrétaire-d'état au
département des affaires étran
gères,

CHATEAUBRIAND.

Vu et scellé du grand sceau :

Le garde-des-sceaux, ministre
secrétaire-d'état au départe-
ment de la justice,

C.te DE PEYRONNET.

ORDONNANCE DU ROI,

Concernant les écoles des jeunes catholiques d'Ecosse.

LOUIS, PAR LA GRACE DE DIEU, ROI DE FRANCE ET DE NAVARRE,

A tous présens et à venir, salut.

Vu notre ordonnance du 17 décembre 1818, qui réunit sous une seule administration les établissemens fondés en France, à diverses époques, pour l'instruction des jeunes catholiques anglais, irlandais et écossais ;

Vu les mémoires présentés par les prélats d'Ecosse, dans lesquels ils exposent que les fondations écossaises sont trop peu riches pour supporter, même

11

dans la proportion des revenus qu'elles produisent, les frais d'une administration instituée pour les trois établissemens réunis ;

Considérant que la modicité des revenus de la section écossaise exige effectivement pour cette section une administration entièrement gratuite, et qui ne peut être mieux exercée que par ceux qui ont le plus grand intérêt à la conservation du fonds et au bon emploi des produits ;

Voulant entrer dans les vues des fondateurs, qui ont placé ces établissemens sous la protection des rois nos ancêtres, en maintenant sur cette administration gratuite la surveillance de notre Gouvernement ;

Sur le rapport de notre ministre secrétaire-d'état de l'intérieur,

Notre conseil-d'état entendu,

Nous avons ordonné et ordonnons ce qui suit :

Art. 1.er Les fondations faites en France, pour l'instruction des jeunes catholiques d'Ecosse, seront distraites des fondations anglaises et irlandaises, pour être administrées séparément, sous la surveillance de notre ministre de l'intérieur.

2. L'administrateur sera, autant que possible, un prêtre de l'Eglise catholique d'Ecosse, né sujet de S. M. britannique.

3. Il sera nommé par notre ministre de l'intérieur.

4. Il pourra déléguer temporaire-

ment ses fonctions à un ecclésiastique français, qui devra être agréé par notre ministre de l'intérieur.

5. L'administrateur écossais, ou son délégué, aura, pour la conservation des biens et la rentrée des revenus, les mêmes pouvoirs qui ont été attribués à l'administrateur général par notre ordonnance du 17 décembre 1818, notamment par l'article 25 de cette ordonnance.

6. Les revenus recouvrés par l'administrateur seront versés par lui, intégralement et sans retard, à notre trésor royal, qui ouvrira *un compte courant* à notre ministre de l'intérieur, pour le service desdites fondations.

7. Le budget de l'emploi des fonds

résultant des fondations sera arrêté d'avance, pour chaque année, par le ministre.

8. Les comptes annuels seront soumis à son approbation et arrêtés définitivement par lui.

9. Là nomination des boursiers sera également soumise à son approbation.

10. Les boursiers qui, d'après les fondations, devront être destinés à l'état ecclésiastique, seront placés dans les séminaires français, et soumis au régime de ces établissemens.

11. L'administration des fondations écossaises sera entièrement gratuite.

12. Notre ordonnance du 17 décembre 1818 continuera d'être exé-

11 *

cutée, en ce qui n'est pas contraire
à la présente.

13. Nos ministres secrétaires-d'état
de l'intérieur et des finances sont
chargés de l'exécution de la présente
ordonnance.

Donné au château des Tuileries,
le 3 mars, l'an de grâce mil huit
cent vingt-quatre, et de notre règne
le vingt-neuvième.

LOUIS.

Par le Roi :

Le ministre secrétaire-d'état au
département de l'intérieur,

CORBIÈRE.

ORDONNANCE DU ROI,

Concernant l'instruction publique.

LOUIS, PAR LA GRACE DE DIEU, ROI DE FRANCE ET DE NAVARRE,

A tous ceux qui ces présentes verront, salut,

Vu nos ordonnances des 29 février 1816, 1.er juin et 30 décembre 1822 ;

Sur le rapport de notre ministre secrétaire-d'état au département de l'intérieur,

Nous avons ordonné et ordonnons ce qui suit :

TITRE PREMIER.

Administration supérieure de l'instruction publique.

Art. 1.er Le grand-maître remplira les fonctions de recteur de l'Académie de Paris, avec les attributions fixées par l'article 8 du titre II de l'ordonnance du 27 février 1821.

TITRE II.

Fonctionnaires des colléges.

2. A partir du 1.er août 1824, les nominations des professeurs et maîtres d'études des colléges royaux, et des régens des colléges communaux, seront faites par les recteurs des Académies ; mais ces fonction-

naires ne pourront être installés qu'a-
près avoir obtenu l'institution du
grand-maître, laquelle sera délivrée
suivant les formes prescrites par l'article premier de l'ordonnance du 1,er
juin 1822. En cas de refus d'institution, le grand-maître pourra pourvoir aux places vacantes dans les
colléges.

Quant aux nominations des pro-
viseurs, principaux, censeurs et au-
môniers des colléges, elles continueront d'être faites par le grand-maître,
conformément à l'article premier de
l'ordonnance du 1,er juin 1822.

3. Après avoir pris l'avis du recteur de l'Académie, et, s'il le juge
convenable, celui des inspecteurs par
lui délégués à cet effet, le grand-

maître pourra prononcer la suspension avec ou sans traitement pour une année, en se conformant à l'article premier de l'ordonnance du 1.er juin 1822.

4. Il sera ouvert dans chaque chef-lieu d'Académie des concours pour l'aggrégation. Les agrégés seront nommés par les recteurs. Ils devront remplacer les professeurs des colléges royaux de cette Académie, ou être employés dans les colléges communaux et autres établissemens de son ressort. Ils auront besoin de l'institution du grand-maître, qui pourra la refuser pour des motifs graves dont il fera part au conseil royal de l'instruction publique.

Le grand-maître déterminera le

nombre des agrégés qui devront être attachés à chaque Académie, et fixera l'époque des concours.

TITRE III.

Boursiers royaux.

5. A partir du 1.er août 1824, les bourses royales ne seront données qu'à des enfans dont les parens seront domiciliés dans l'Académie à laquelle appartient le collége où ces enfans devront être placés sur l'avis des autorités locales.

TITRE IV.

Institutions et pensions.

6. Les diplômes des chefs d'institution et maîtres de pension seront re-

nouvelés avant le 1.er septembre 1825. Aucun de ces chefs et maîtres ne pourra continuer ses fonctions s'il n'a pas à cette époque obtenu un nouveau diplôme. Les nouveaux diplômes seront délivrés gratuitement.

TITRE V.

Écoles primaires catholiques.

7. Ceux qui se destineront aux fonctions de maîtres de ces écoles seront examinés par ordre des recteurs des Académies, et recevront d'eux, s'ils en sont jugés dignes, des brevets de capacité du premier, du second ou du troisième degrés.

8. Pour les écoles dotées, soit par les communes, soit par des associa-

tions, et dans lesquelles seront admis cinquante élèves gratuits, l'autorisation spéciale d'exercer sera délivrée aux candidats, munis de brevets, par un comité dont l'évêque diocésain ou l'un de ses délégués sera président.

9. Le maire de la commune sera membre nécessaire de ce comité, qui se composera en outre de quatre notables, moitié laïcs, moitié ecclésiastiques, les premiers à la nomination du préfet, et les seconds à la nomination de l'évêque.

10. Le comité surveillera ces écoles : il pourra révoquer l'autorisation spéciale des instituteurs qui, pour des fautes graves, s'en seraient rendus indignes. Le recteur de l'Aca-

12

démie pourra aussi , en connaissance
de cause , retirer le brevet de capacité.

11. Pour les écoles qui ne sont
pas comprises dans l'article 8, l'autorisation spéciale d'exercer sera délivrée par l'évêque diocésain aux candidats munis de brevets. Il surveillera ou fera surveiller ces écoles. Il
pourra révoquer les autorisations spéciales par les motifs prévus dans l'article précédent : le recteur exercera les
attributions qui lui sont données par
le même article.

12. Les frères des écoles chrétiennes
de Saint-Yon et des autres congré-
gations régulièrement formées, con-
serveront leur régime actuel. Ils pour-

ront être appelés par les évêques diocésains dans les communes qui feront les frais de leur établissement.

TITRE VI.

Écoles primaires protestantes.

13. Les écoles primaires protes-
tantes continueront d'être organisées
conformément à l'ordonnance du 29
février 1816.

14. Les membres des comités chargés de les surveiller seront choisis par-
mi les notables de leur communion.
Cependant le proviseur ou le principal
du collége le plus voisin, ou à son
défaut un délégué du recteur, en fera
nécessairement partie.

Donné au château des Tuileries, le 8 avril, l'an de grâce mil huit cent vingt-quatre, et de notre règne le vingt-neuvième.

LOUIS.

Par le Roi :

Le ministre secrétaire-d'état au département de l'intérieur,

CORBIÈRE.

ORDONNANCE DU ROI,

Concernant la Caisse d'épargnes pour la ville de Besançon.

LOUIS, par la grace de Dieu, Roi de France et de Navarre,

A tous présens et à venir, salut.

Vu l'acte constitutif d'une Caisse d'épargnes dans la ville de Besançon et d'une Société anonyme pour la dotation et l'administration de ladite Caisse, le susdit acte déposé chez Belamy, notaire royal à Besançon, le 29 novembre 1823;

Vu l'article 22 dudit acte donnant pouvoir aux membres de la chambre de commerce de Besançon de pour-

12 *

suivre l'autorisation et d'adopter dans
ses statuts toutes modifications de-
mandées qui ne changeraient pas la
nature de l'association, soit envers les
prêteurs, soit comme Société anonyme ;

Vu la délibération de la chambre
de commerce de Besançon, du 10
mars 1824, pour adhérer aux réserves dont l'approbation des statuts
de la Société a paru susceptible ;

Vu les articles 29 à 37, 40 à 45
du Code de commerce.

Sur le rapport de notre ministre
secrétaire-d'état de l'intérieur,

Notre conseil-d'état entendu,

Nous avons ordonné et ordonnons
ce qui suit :

Art. 1.er La Société anonyme, sous

la dénomination de Caisse d'épargnes
et de prévoyance de Besançon, est
autorisée. Ses statuts, ainsi qu'ils sont
contenus dans l'acte social, converti
en acte public par dépôt chez Belamy,
notaire à Besançon, le 29 novembre
1823, lequel restera annexé à la présente ordonnance, sont approuvés,
sauf les réserves exprimées aux articles 2 et 3 ci-après.

2. Sont exceptés de notre approbation les articles 14 et 17 des susdits
statuts, lesquels seront comme non
avenus.

3. Nonobstant la rédaction des articles 1.er, §. III, articles 2, 15 et 18.

1.° La durée de la Société sera de
trente ans, à partir de la promul-
gation de la présente ordonnance.

2 • Chaque versement ne pourra excéder 30 francs.

3.° Aussitôt que le compte d'un prêteur présentera un capital suffisant pour acheter une rente sur l'Etat, le transfert en sera fait en son nom au cours du 6.° jour qui aura suivi le complément de ce capital.

4. Nous nous réservons au surplus de révoquer notre autorisation en cas de violation ou de non exécution des statuts, sauf les droits et dommages-intérêts des tiers.

5. Une copie de l'état de situation de la Société sera remise tous les ans au préfet du Doubs, à la chambre de commerce et au greffe du tribunal de Besançon. Pareille copie sera expédiée à notre ministre de l'intérieur.

6. Notre ministre secrétaire-d'état au département de l'intérieur est chargé de l'exécution de la présente ordonnance, qui sera publiée au Bulletin des Lois, et insérée tant au Moniteur que dans un journal d'annonces judiciaires du département du Doubs.

Donné en notre château des Tuileries, le 7 avril, de l'an de grâce 1824, et de notre règne le vingt-neuvième.

Signé LOUIS.

Par le Roi :

Le ministre de l'intérieur,

CORBIÈRE.

ORDONNANCE DU ROI,

Concernant les Décorations.

LOUIS, PAR LA GRACE DE DIEU, ROI DE FRANCE ET DE NAVARRE.

A tous ceux qui ces présentes verront, salut.

Vu l'article 259 du Code pénal, ainsi conçu :

« Toute personne qui aura publi-
» quement porté un costume, un
» uniforme ou une décoration qui ne
» lui appartenait pas, ou qui se sera
» attribué des titres royaux qui ne lui
» auraient pas été légalement con-
» férés, sera punie d'un emprison-
» nement de six mois à deux ans ».

Vu les articles 67 et 69 de notre ordonnance du 26 mars 1816, portant :

« Tous les Ordres étrangers sont
» dans les attributions du grand chan-
» celier de l'Ordre royal de la Légion-
» d'Honneur. — Il prend nos ordres
» à l'egard des Ordres étrangers con-
» férés à nos sujets, et transmet les
» autorisations de les accepter et de
» les porter. »

Etant informé que plusieurs de nos sujets se décorent des insignes de divers Ordres que nous ne leur avons pas conférés, ou pour lesquels ils n'ont pas obtenu de nous l'autorisation qui est nécessaire afin d'accepter et de porter les décorations accordées par les souverains étrangers ;

Qu'ils s'exposent, par cette conduite, aux poursuites et aux condamnations prescrites par l'article 259 du Code pénal ;

Voulant faire cesser des désordres d'autant plus fâcheux que leur effet naturel est d'affaiblir le prix des récompenses obtenues régulièrement et données à des services certains et vérifiés ;

Voulant en conséquence que la loi pénale reçoive à l'avenir toute son exécution, et que nos officiers de justice ne négligent plus d'exercer à cet égard la surveillance qui leur est prescrite,

Sur le rapport de notre cousin le

grand chancelier de l'Ordre royal de la Légion-d'Honneur, et de l'avis de notre conseil,

Nous avons ordonné et ordonnons ce qui suit :

Art. 1.er Toutes Décorations ou Ordres, quelles qu'en soient la dénomination ou la forme, qui n'auraient pas été conférés par nous, ou par les souverains étrangers, sont déclarés illégalement et abusivement obtenus, et il est enjoint à ceux qui les portent de les déposer à l'instant.

2. Tout Français qui, ayant obtenu des Ordres étrangers, n'aura pas reçu de nous l'autorisation de les accepter et de les porter, conformément à notre ordonnance du 26 mars 1816, sera pareillement tenu de les

13

déposer, sans préjudice à lui de se pourvoir, s'il y a lieu, auprès du grand chancelier de notre Ordre royal de la Légion-d'Honneur, selon ladite ordonnance, pour solliciter notre autorisation.

3. Nos procureurs-généraux poursuivront, selon la rigueur des lois, tous ceux qui, au mépris de la présente ordonnance, continueraient de porter des Ordres étrangers sans notre autorisation, ou d'autres ordres quelconques, sans que nous les leur ayons conférés.

4. Nos ministres secrétaires-d'état et notre grand chancelier de l'Ordre royal de la Légion-d'Honneur, sont chargés de l'exécution de la présente ordounance.

Donné au château des Tuileries, le 16 avril, l'an de grâce mil huit cent vingt-quatre, et de notre règne le vingt-neuvième.

LOUIS.

Par le Roi :

Le président du conseil des ministres,

JH. DE VILLÈLE.

ORDONNANCE DU ROI,

Concernant le mode d'administration de la masse d'habillement des troupes.

LOUIS, par la grace de Dieu, Roi de France et de Navarre.

A tous ceux qui ces présentes verront, salut.

Vu notre ordonnance du 19 décembre 1814, concernant le mode d'administration de la masse d'habillement de nos troupes ;

Considérant qu'il est convenable d'appliquer aux marchés qui doivent être passés en vertu de l'article 3 de

ladite ordonnance, le mode d'adjudication en usage pour les services
publics ;

Sur le rapport de notre ministre
secrétaire-d'état de la guerre,

Notre conseil-d'état entendu,

Nous avons ordonné et ordonnons
ce qui suit :

Art. 1.er La fourniture des draps
nécessaires à l'habillement de nos
troupes sera adjugée au rabais, aux
principaux fabricans de notre royaume, pour trois années au moins, et
cinq années au plus.

2. Seront admis à concourir les
fabricans qui justifieront qu'ils ex-
ploitent pour leur compte et depuis
deux années, une manufacture réu-

13 *

nissant les ateliers et usines propres à la fabrication, à la teinture et aux apprêts de cinquante mille mètres d'étoffe.

3. Notre ministre secrétaire-d'état de la guerre déterminera le mode qui sera suivi pour les adjudications et le nombre des fabricans auxquels la fourniture des draps sera adjugée. Dans aucun cas ce nombre ne pourra excéder vingt maisons pour les services de notre garde royale et de nos troupes de ligne.

La première adjudication aura lieu dans le courant de l'année 1825.

4. Notre ministre secrétaire-d'état au département de la guerre est chargé de l'exécution de la présente or-

donnance, qui sera insérée au Bulletin des Lois.

Donné en notre château des Tuileries, le 21 avril, l'an de grâce mil huit cent vingt-quatre, et de notre règne le vingt-neuvième.

LOUIS.

Par le Roi :

Le ministre secrétaire-d'état au département de la guerre,

Baron DE DAMAS.

ORDONNANCE DU ROI,

Concernant les centimes addition-
nels.

LOUIS, PAR·LA GRACE DE DIEU,
ROI DE FRANCE ET DE NAVARRE,

A tous présens et à venir, salut.

Vu l'état C annexé à la loi de finances du 10 mai 1823, duquel il
résulte qu'il est imposé additionnel-
lement au principal des contributions foncière, personnelle et mobilière de 1824, deux centimes, dont
un à la disposition de notre ministre
des fiuances pour couvrir les remises,
modérations et non-valeurs, et l'autre à celle de notre ministre de l'in-

térieur pour secours effectifs, à raison de grêle, orages, incendies, etc.

Voulant déterminer la portion du centime mis à la disposition de notre ministre des finances, dont les préfets pourront faire jouir les administrés ;

Sur le rapport de notre ministre secrétaire-d'état des finances,

Nous avons ordonné et ordonnons ce qui suit :

Art. 1.er Le produit du centime du fonds de non-valeurs à la disposition de notre ministre des finances sera réparti de la manière suivante :

Un tiers de ce centime est mis à la disposition des préfets ; les deux autres tiers resteront à la disposition du Gouvernement.

2. Ce centime sera exclusivement employé à couvrir les remises et modérations à accorder sur les contributions foncière, personnelle et mobilière, et les non-valeurs qui existeront sur ces deux contributions en fin d'exercice.

3. Notre ministre-secrétaire-d'état au département des finances est chargé de l'exécution de la présente ordonnance, qui sera insérée au Bulletin des Lois.

Donné au château des Tuileries, le 21 avril, de l'an de grâce 1824, et de notre règne le 29.

LOUIS.

Par le Roi :

Le ministre secrétaire-d'état des finances,

JH. DE VILLÈLE.

ORDONNANCE DU ROI,

Concernant les Officiers en non-activité.

LOUIS, PAR LA GRACE DE DIEU, ROI DE FRANCE ET DE NAVARRE,

A tous ceux qui ces présentes verront, salut.

Vu nos ordonnances des 20 mai, 27 mai, et 2 août 1818, 23 octobre 1820, 18 septembre 1822 et 30 avril 1823 ;

Vu l'état des officiers en non activité, en congé illimité, et des cadres de remplacement, dont le nombre était, au premier janvier 1824, de 5,430,

Considérant :

Que le peu d'emplois qui viennent à vaquer annuellement dans l'armée active ne permet d'admettre à profiter du bénéfice de l'ordonnance du 30 avril 1823, qu'un petit nombre de ces officiers ;

Que beaucoup d'entr'eux ne pouvant conséquemment concevoir aucun espoir fondé d'être rappelé au service actif, sont soumis, sans aucun avantage certain, à toutes les obligations inhérentes à leur position d'officiers disponibles ;

Que l'admission de ces officiers dans les cadres de l'armée nuit aux droits des militaires dont les services n'ont pas éprouvé d'interruption, et qu'il est juste de rendre à ces derniers la portion d'avancemeut dont ils ont été privés depuis dix ans, par suite d'une circonstance extraordinaire ;

Qu'il convient en prenant cette mesure, de placer les officiers en non activité dans une position telle qu'en conservant la jouissance du traitement qui leur a été accordé, ils puissent rentrer daus la vie civile et embrasser de nouvelles carrières ;

Qu'en dégageant ainsi tous les officiers en non activité des obligations qui leur sont imposées, il importe de limiter la durée du traitement de ceux en congé illimité, et des cadres de remplacement, qui n'a pas été déterminée par les dispositions des ordonnances qui leur sont applicables ;

14

Sur le rapport de notre ministre secrétaire-d'état de la guerre,

Notre conseil-d'état entendu,

Nous avons ordonné et ordonnons ce qui suit :

Art. 1.er Les officiers qui touchent en ce moment nn traitement de non activité, soit sur le fonds des demi-soldes, soit comme officiers des cadres de remplacement ou en congé illimité, de quelque arme, et de quelque corps spécial que ce soit, ainsi que les membres de l'intendance militaire non compris dans l'organisation du 18 septembre 1822, continueront de recevoir, à titre *de traitement de réforme*, la solde de non activité dont ils ont joui jusqu'à ce jour, dans le cas même où ils rentreraient dans la vie civile, et sans qu'ils puissent être astreints à reprendre du service dans l'armée.

2. La durée de ce traitement sera réglée pour les officiers en congé illimité et des cadres de remplacement, d'après le nombre d'années de service qu'ils auront au 1.er juillet 1824, et conformément aux bases fixées par les articles 10 et 11 de notre ordonnance du 20 mai 1818.

Ces officiers recevront un titre indiquant le nombre de leurs années de services et le temps pendant lequel ils devront recevoir le traitement dont ils jouissent, s'ils ne sont pas rappelés à l'activité, ou jusqu'à leur admission à la retraite, s'ils y ont droit, conformément à l'article 2 de ladite ordonnance du 20 mai 1818.

3. Les articles 262 à 271 de notre ordonnance du 2 août 1818; l'art. 5 de celle du 27 mai 1818; l'ordonnance du 30 avril 1823, et toutes les dispositions des ordonnances antérieures qui seraient contraires à la présente, sont et demeurent abrogées.

Donné en notre château des Tuileries, le 5 mai, l'an de grâce mil huit cent vingt-quatre, et de notre règne le vingt-neuvième.

LOUIS.

Par le Roi :

Le ministre secrétaire-d'état au département de la guerre,

Baron DE DAMAS.

ORDONNANCE DU ROI,

Concernant les Fabricans de fils de cuivre doré.

LOUIS, PAR LA GRACE DE DIEU, ROI DE FRANCE ET DE NAVARRE,

A tous présens et à venir, salut.

Vu la loi du 9 novembre 1797 (19 brumaire an 6), l'arrêté du Gouvernement du 27 avril 1800 (7 floréal an 8);

Vu les réclamations de quelques fabricans de traits et fils de cuivres purs, dorés, argentés ou mis en couleur, qui demandent à jouir de la

14 *

liberté d'établir dans leurs ateliers des argues ou autres machines propres à dégrossir et tirer les bâtons de cuivre qu'ils destinent à être convertis en traits ou fils de laiton, dorés, argentés ou mis en couleur,

Sur le rapport de notre ministre secrétaire-d'état des finances,

Nous avons ordonné et ordonnons ce qui suit :

Art. 1.er Les tireurs d'or et d'argent qui voudront convertir en traits filés, ou non filés, en or et argent fins, les lingots d'argent et d'argent doré, continueront à être tenus de les porter aux argues royales, pour y être forgés, tirés et dégrossis, conformément à l'article 137 de la loi du 9 novembre 1797 (19 brumaire an 6).

2. Les fabricans qui voudront convertir du cuivre affiné en traits de laiton, de cuivre doré ou argenté, ou simplement mis en couleur jaune ou blanche, pourront établir chez eux des argues particulières, et avoir des filières de calibre semblables à celles dont on fait usage dans les argues royales, où des instrumens et machines propres à y suppléer ; mais ils seront préalablement, et avant de commencer leur travail, tenus de faire, tant à la préfecture du département où sont établis leurs ateliers, qu'à l'administration des Monaies, et à celle des contributions in-

directes, une déclaration énonçant leurs noms et prénoms, leur profession, le lieu de leur domicile et celui de leurs atéliers ; ils joindront à leur déclaration un plan iudiquant la description et l'élévation des machines dont ils entendent se servir.

3. Les tireurs de cuivre et traits d'or et d'argent faux, seront tenus de filer leurs traits faux sur fil, et ne pourront les tirer sur soie, sous les peines portées par les réglemens qui prescrivent ces moyens de garantie.

4. Ils ne pourront aussi, sous les peines portées par les mêmes réglemens et l'art. 423 du Code pénal, mélanger des traits faux avec des traits fins, dans leurs ouvrages, et

sur les bohines sur lesquelles ils seront dévidés.

5. Les tireurs de cuivre ou traits d'or et d'argent faux, seront soumis aux visites des préposés de l'administration des Monnaies et des contributions indirectes. Les contraventions seront constatées dans la forme prescrite par la loi du 9 novembre 1797 ci-dessus relatée.

6. Dans les ateliers particuliers et fabriques de traits de cuivre pur ou doré, argenté ou mis en couleur, il ne sera procédé au tirage des bâtons de cuivre que du lever du soleil à son coucher.

7. Notre ministre-secrétaire-d'état au département des finances est char-

gé de l'exécution de la présente ordonnance, qui sera insérée au Bulletin des Lois.

Donné au château des Tuileries,
le 5 mai, de l'an de grâce 1824,
et de notre règne le 29.°

LOUIS.

Par le Roi :

*Le ministre secrétaire-d'état des
finances,*

JH. DE VILLÈLE.

ORDONNANCE DU ROI,

Concernant la Société d'assurances mutuelles contre la grêle, établie à Paris.

LOUIS, PAR LA GRACE DE DIEU, ROI DE FRANCE ET DE NAVARRE.

A tous ceux qui ces présentes ver-ront, salut.

Sur le rapport de notre ministre secrétaire-d'état au département de l'intérieur,

Vu notre ordonnance du 22 janvier 1823, portant autorisation d'une Société d'assurances mutuelles contre la grêle, établie à Paris pour les départemens de la Seine, Seine-et-Oise,

Seine-et-Marne, Aisne, Oise, Eure-et-Loir, Marne, Yonne, Aube, Loiret et Loir-et-Cher ;

Vu la délibération de l'assemblée de ladite Société, en date du 4 février dernier, et la demande du conseil d'administration, tendant à ce que l'activité de la Société soit permise lorsqu'elle justifiera d'une masse de valeurs associées à ses assurances pour 3,300,000 fr., au lieu d'une masse de 6,000,000 fr., qui avait été fixée pour les conditions de l'ouverture des opérations ;

Considérant que c'est dans la supposition d'une circonscription de vingt départemens, telle qu'elle est encore indiquée dans les statuts, qu'avait été établie la limite de six millions, et que notre autorisation n'ayant été donnée, quant à présent, que pour onze départemens, une réduction de la quotité de la masse d'adhésion est convenable ;

Notre conseil-d'état entendu,

Nous avons ordonné et ordonnons ce qui suit :

Art. 1.er La Société d'assurances mutuelles contre la grêle, établie à Paris pour les onze départemens dénommés ci - dessus, est autorisée à ouvrir ses opérations aussitôt qu'elle aura justifié que la masse des valeurs associées à ses assurances, s'élève à trois millions trois cent mille francs.

2. Notre ministre-secrétaire-d'état au département de l'intérieur est chargé de l'exécution de la présente or-

15

donnance, qui sera insérée au Bulletin des Lois et au Moniteur, et dans un des journaux d'annonces judiciaires de chacun des départemens, pour lesquels ladite Société est autorisée.

Donné au château des Tuileries, le 5 mai, de l'an de grâce 1824, et de notre règne le 29.

LOUIS.

Par le Roi :

Le ministre secrétaire-d'état au département de l'intérieur,

CORBIÈRE.

ORDONNANCE DU ROI,

Concernant la Société d'encouragement pour l'industrie nationale, établie à Paris.

LOUIS, PAR LA GRACE DE DIEU, ROI DE FRANCE ET DE NAVARRE,

A tous ceux qui ces présentes verront, salut.

Vu les statuts de la Société d'encouragement pour l'industrie nationale, fondée à Paris depuis l'année 1802 ;

Vu l'article 910 du Code civil et nos ordonnances des 26 février 1817 et 19 mars 1823 ;

Considérant que si ladite Association se compose de souscriptions annuelles dont le renouvellement est purement volontaire, la disposition de l'art. 539 pourvoirait au cas où la Société prendrait fin ;

Notre conseil-d'état entendu,

Nous avons ordonné et ordonnons ce qui suit :

Art. 1.er Sont approuvés les statuts de la Société d'encouragement pour l'industrie nationale, annexés à la présente ordonnance.

2. Notre ministre secrétaire-d'état au département de l'intérieur est chargé de l'exécution de la présente ordonnance, qui sera insérée au Bulletin des Lois.

Donné en notre château des Tuileries, le 21 avril, l'an de grâce mil huit cent vingt-quatre, et de notre règne le vingt-neuvième.

LOUIS.

Par le Roi :

Le ministre secrétaire-d'état au département de l'intérieur,

CORBIERE.

————

ORDONNANCE DU ROI,

Concernant les Officiers nés étrangers membres de la Légion-d'Honneur.

LOUIS, PAR LA GRACE DE DIEU, ROI DE FRANCE ET DE NAVARRE,

A tous ceux qui ces présentes verront, salut.

Vu notre ordonnance du 26 mars 1816, contenant l'organisation de la Légion - d'Honneur, et spécialement,

1.° L'art. 9 conçu en ces termes : « Les étrangers sont admis et non » reçus, et ne prêtent aucun ser- » ment ».

Vu les articles 3 ou suivans qui déterminent le mode de réception, etc. ;

Vu les lois et réglemens relatifs à la naturalisation, et spécialement les actes législatifs des 13 décembre 1799 et 19 février 1808, le décret du 19 mars 1809, l'ordonnance du 4 juin 1814, la loi du 4 octobre 1814, et les ordonnances du 17 février 1815, 3 juin 1816 et 29 octobre 1817;

Vu la loi du 6 juillet 1820;

Considérant que par l'effet de l'ordonnance du 29 octobre 1817, les officiers nés en pays étrangers qui étaient alors en possession de la demi-solde, ont été tenus de se pourvoir de lettres de déclaration de naturalité

dans le délai de six mois, à dater de
la publication de cette ordonnance,
qu'ainsi ces officiers n'ont pas cessé
d'être considérés comme citoyens
Français s'ils ont satisfait aux dispositions de ladite ordonnance dans le
délai qu'elle a prescrit; que le même
délai a profité à ceux d'entr'eux qui
sont membres de la Légion-d'Honneur, pour continuer à être réputés
membres Français de l'Ordre, et jouir
du traitement attribué aux grades
qu'ils occupent ;

Considérant que le même avantage, quant à la solde de retraite,
a été assuré par les mêmes ordonnances des 17 février 1815 et 5 juin
1816 aux militaires nés en pays étrangers ou devenus étrangers à la France

qui ont rempli, avant le premier janvier 1817, les formalités prescrites par ces ordonnances ;

Prenant en considération les circonstances dans lesquelles se sont trouvés les militaires membres de l'Ordre nés en pays étranger, dont les obligations relativement à la naturalisation, n'avaient pas été réglées par des ordonnances spéciales, et voulant que tous profitent également de la latitude accordée à quelques-uns ;

Considérant, quant à ceux qui nés en pays étranger n'ont pas fait de diligences dans le délai le plus favorable pour obtenir leur naturalisation : 1.° que devenus étrangers, ils sont entrés dans la classe des membres étrangers de l'Ordre, et ont perdu leur droit au traitement ; 2.° qu'ils ne peuvent exciper de leur ancienne réception comme membres Français, puisqu'à l'instant où ils sont devenus étrangers, les droits et les obligations résultant de leur réception et de leur serment, ont cessé de plein droit et les ont placés au rang de membres étrangers, admis sans réception ni prestation de serment ; 3.° que s'ils redeviennent Français, quel que soit le temps pendant lequel ils ont été étrangers, les lettres qu'ils obtiennent ne sont plus que des lettres de naturalisation qui ne changent pas leur position dans la Légion-d'Honneur ; 4.° qu'ils ne peuvent rentrer dans la classe des membres Français

de l'Ordre qu'en vertu d'une autorisation spéciale émanée de nous, et
suivie d'une réception nouvelle et
d'une nouvelle prestation de serment ;
que c'est en vertu de cette autorisation seulement, et à compter de cette
réception, qu'ils peuvent avoir droit
aux mêmes avantages que les membres Français de l'Ordre, reçus à
cette même époque et placés dans la
même position ;

Sur le rapport de notre cousin le
grand-chancelier de la Légion-d'Honneur,

Notre conseil-d'état entendu,

Nous avons ordonné et ordonnons
ce qui suit :

Art 1.er Les dispositions de l'ordonnance du 29 octobre 1817 qui

prescrit aux officiers jouissant alors de leur demi-solde, de se pourvoir dans le délai de six mois, afin d'obtenir des lettres de déclaration de naturalité, sont déclarées applicables en ce qui regarde le traitement de la Légion-d'Honneur, à tous les militaires membres de l'Ordre, nés en pays étranger.

En conséquence, ceux de ces membres qui ont fait des diligences dans ledit délai, pour se faire naturaliser, sont déclarés ayant droit au traitement.

2. Sont exceptés ceux qui, avant l'expiration du même délai, avaient pris du service chez une puissance étrangère, ou fait tout autre acte qui les constitue sujets d'une puissance étrangère.

3. Les membres de l'Ordre, nés en pays étranger, qui n'ont pas satisfait au délai indiqué dans l'article ci-dessus, ou qui sont compris dans l'exception faite par l'art. 2, seront tenus, s'ils veulent redevenir membres Français de l'Ordre, après s'être fait naturaliser, de solliciter une réception nouvelle et de prêter un nouveau serment, conformément au titre IV de notre ordonnance du 26 mars 1816.

4. Nous nous réservons d'accorder, par grâce spéciale et singulière, le traitement de la Légion - d'Honneur aux membres de l'Ordre compris dans l'article précédent, et qui étaient sous-officiers ou soldats en activité de service dans nos armées de terre ou de

16

nier, à la date du 6 avril 1814, pour
ceux nés dans les pays qui n'ont jamais fait partie de la France, et à
date des traités, pour ceux qui sont
nés dans les pays détachés par le
même traité.

Le traitement ainsi accordé, ne
courra que du jour de leur nouvelle
reception.

5. Les dispositions de l'art. 13 de
notre ordonnance du 5 juin 1816,
relatives aux Suisses qui ont servi en
France dans les régimens auxiliaires
de leur nation, en vertu des capitu-
lations encore existantes entre les deux
gouvernemens, sont déclarés applicables au traitement de la Légion-
d'Honneur.

6. Les dispositions de la présente

ordonnance ne sont pas applicables aux légionnaires non militaires, nés dans les pays étrangers, qui n'ont pas obtenu des lettres de déclaration de naturalité, conformément à la loi du 14 octobre 1814, et dans les délais fixés par cette loi.

7. Notre ministre secrétaire-d'état des finances et notre cousin le grand-chancelier de la Légion-d'Honneur, sont chargés, chacun en ce qui le concerne, de l'exécution de la présente ordonnance.

Donné au château des Tuileries, le 26 mai, de l'an de grâce mil huit cent vingt-quatre, et de notre règne le 20.

LOUIS.

Par le Roi,

Le ministre secrétaire-d'état des finances, Jn. DE VILLÈLE.

ORDONNANCE DU ROI

Concernant la fabrique d'aiguiles de Laigle.

LOUIS, par la grace de Dieu, Roi de France et de Navarre,

A tous ceux qui ces presentes verront, salut.

Sur le rapport de notre ministre secrétaire-d'état au département de l'intérieur ;

Vu notre ordonnance du 20 février 1822, autorisant l'existence de la Société anonyme établie à Paris, sous le nom de *Fabrique d'aiguilles de Laigle*, avec la réserve de révoquer notre autorisation en cas de violation ou de non exécution des statuts par nous approuvés ;

Vu les délibérations de l'assemblée générale de ladite Société, des 17 mai et 25 juillet 1823, et le rapport des administrateurs adressé en 1824 à notre ministre de l'intérieur, desquelles pièces il résulte que la manufacture est fermée et que la fabrication a cessé, et qu'ainsi il y a non-exécution des statuts ;

Vu l'article 37 du Code de commerce ;

Notre conseil-d'état entendu,

Nous avons ordonné et ordonnons ce qui suit :

Art. 1.er L'autorisation donnée par notre ordonnance du 20 février 1822, à la Société anonyme de la fabrique

16*

d'aiguilles de Laigle, est révoquée, sauf le droit des tiers et sans préjudice des dommages-intérêts qui seraient prononcés par les tribnnaux sur les contestations nées et à naître.

2. Notre ministre secrétaire-d'état de l'intérieur est chargé de l'exécution de la présente ordonnance, qui sera publiée au bulletin des lois, insérée au *Moniteur* et dans le journal destiné aux annonces judiciaires, tant du département de la Seine que de celui de l'Orne.

Donné en notre château des Tuileries, le 16 juin de l'an de grâce 1824, et de notre règne le 30.⁰   LOUIS.

Par le Roi,

Le ministre secrétaire-d'état au département de l'intérieur,

CORBIÈRE.

ORDONNANCE DU ROI

Concernant l'achèvement des canaux de Brétagne, du Nivernais, du duc de Berry, et latéral à la Loire.

LOUIS, PAR LA GRACE DE DIEU, ROI DE FRANCE ET DE NAVARRE,

A tous ceux qui ces présentes verront, salut.

Sur le rapport de notre ministre secrétaire-d'état, de l'intérieur ;

Vu les articles 3, 5, 6 et 7 de la loi du 14 août 1822, relatifs à l'adjudication des emprunts pour l'achèvement des canaux de Bretagne, du

Nivernais, du duc de Berry, et latéral à la Loire, les conventions stipulées entre notre ministre secrétaire-d'état de l'intérieur et les adjudicataires, et ratifiées par ladite loi ;

Vu notre ordonnance du 12 mars 1823, qui autorise les adjudicataires de ces emprunts à se réunir en société anonyme, sous la dénomination de *Compagnie des quatre canaux*, et porte approbation de ses statuts ;

Vu l'acte constitutif de cette Société, passé le 21 et 22 février, pardevant M.° Boileau et son collègue, notaires à Paris ;

Vu l'acte des 10 et 11 septembre 1823, passé pardevant M.° Boileau et son collègue, notaires à Paris, con-

tenant quatre articles additionnels aux
statuts arrêtés par l'acte des 21 et 22
février 1823 : le certificat de dépôt
et le tableau annexé audit acte. Cet
acte ayant pour objet de donner aux
actionnaires la faculté de déposer leur
titres à la Compagnie par portions de
25 actions en échange d'un certificat
de dépôt négociable et transmissible
par endossement, et de retirer à fur
et à mesure des versemens qui sont
stipulés au certificat de dépôt, les actions entièrement libérées ;

Vu l'acte des 15, 17 et 18 mai
1823 qui substitue un nouveau mo-
dèle de certificat de dépot et un autre
tableau de libération des actions à celui annexé à l'acte des 10 et 11 septembre 1823 ;

Considérant que ce nouveau mode de libération des actions assure toutes les garanties que s'était réservées le Gouvernement par les conventions faites avec les adjudicataires desdits emprunts, par le cahier des charges, et que ces articles additionnels peuvent être approuvés sans inconvénient ;

Notre conseil-d'État entendu,

Nous avons ordonné et ordonnons ce qui suit :

Art. 1.ᵉʳ La Compagnie des quatre canaux est autorisée à ajouter à ses statuts primitifs, énoncés en l'acte des 21 et 22 février 1823, reçu par M.ᵉ Boileau et son confrère, notaires

à Paris, les quatre articles additionnels contenus dans l'acte des 10 et 11
septembre 1823, modifiés quant au
certificat de dépôt et au tableau de
libération par l'acte subséquent des
15, 17 et 18 mai 1824, lesdits actes
reçus par le même notaire et son confrère. Ces articles additionnels sont
approuvés.

Lesdits actes et le tableau joint à
celui des 15, 17 et 18 mai. resteront
annexés à la présente ordonnance.

2. Notre ministre secrétaire-d'état
de l'intérieur est chargé de l'exécution
de la présente ordonnance, qui sera
publiée au Bulletin des lois, avec les
actes énoncés. Pareille insertion aura
lieu dans le *Moniteur*, et dans un

des journaux destinés aux annonces judiciaires du département de la Seine.

Donné en notre château des Tuileries, le 16 juin de l'an de grâce mil huit cent vingt-quatre, et notre règne le trentième.

LOUIS.

Par le Roi,

Le ministre secrétaire-d'État au département de l'intérieur,

CORBIÈRE.

ORDONNANCE DU ROI,

Concernant la Société anonyme pour l'éclairage de la ville de Bordeaux, par le gaz hydrogène.

LOUIS, PAR LA GRACE DE DIEU, ROI DE FRANCE ET DE NAVARRE,

A tous ceux qui ces presentes verront, salut.

Sur le rapport de notre ministre secrétaire-d'état, de l'intérieur ;

Vu les statuts d'une société anonyme formée à Bordeaux, pour l'éclairage de cette ville par le gaz hydrogène ;

Vu l'avis favorable du Préfet de la Gironde ;

17

Vu les articles 29 à 37 , 40 et 45 du Code de commerce ;

Notre conseil-d'État entendu ,

Nous avons ordonné et ordonnons ce qui suit :

Art. 1.er La Société anonyme formée à Bordeaux , sous la dénomination de *Compagnie d'éclairage de la ville de Bordeaux , par le gaz hydrogène* , est autorisée. Ses statuts contenus dans l'acte social passé les 11 , 15 , 16 , 17 , 18 , 19 et 20 mars 1824 , pardevant Maillères et Ferrère , notaires à Bordeaux , lequel acte demeurera annexé à la présente ordonnance , sont approuvés , sous l'obligation à ladite Compagnie de se conformer , pour l'établissement de

son usine et son exploitation , à toutes les formalités et dispositions qui
seront ultérieurement présentées sur
cette matière , et sauf les réserves exprimées ci-après.

2. Nonobstant les dispositions du
dernier paragraphe de l'art. 9 des sta-
tus annexés à la présente ordonnance,
le capital de la Société ne pourra être
diminué par des remboursemens ou
répartitions aux actionnaires sur le
montant de leurs actions.

3. Dans le cas où il serait constaté
que la Sosiété aurait éprouvé des pertes et que ces pertes auraient réduit
au tiers le capital social , la Société serait dissoute de plein droit.

4. Nous nous réservons de révoquer   pprobation en cas de vio-

lation ou de non exécution des statuts , sans préjudice de l'action des tiers devant les tribunaux , à raison des infractions commises à leur préudice.

5. La Société sera tenue de remettre tous les six mois copie certifiée de son état de situation au préfet de la Gironde , au greffe du tribunal de commerce et à la chambre de commerce de Bordeaux. Une copie de cet état sera adressée à notre ministre secrétaire-d'état de l'intérieur.

6. Notre ministre secrétaire-d'état de l'intérieur est chargé de l'exécution de la présente ordonnance , laquelle sera publiée au Bulletin des lois, avec l'acte annexé , et insérée dans le *Moniteur* et au journal des anonces ju-

duciaires du département de la Gironde.

Donné en notre château de Saint-Cloud, le 23 juin de l'an de grâce mil huit cent vingt-quatre, et notre règne le trentième.

LOUIS.

Par le Roi,

Le ministre secrétaire-d'État au département de l'intérieur,

CORBIÈRE.

—————

ORDONNANCE DU ROI

Concernant la Société anonyme du Plan d'Aren.

LOUIS, PAR LA GRACE DE DIEU, ROI DE FRANCE ET DE NAVARRE,

A tous ceux qui ces présentes verront, salut.

Sur le rapport de notre ministre secrétaire-d'état au département de l'intérieur ;

Vu l'acte du 26 avril 1819, passé devant M. Rousseau et son confrère, notaires à Paris, contenant les statuts de la Société anonyme dite du Plan d'Aren ;

Vu notre ordonnance du 7 juillet

1819, portant autorisation de cette Société anonyme et approbation de ses statuts ;

Vu l'acte des 1.er, 2 et 3 juin 1824, portant, avec le consentement unanime des actionnaires, 1.º le doublement du fonds social par l'émission de 120 actions nouvelles de 10,000 fr. chacune : 2.º quelques modifications aux statuts primitifs de la Compagnie dans l'intérêt général des sociétaires.

Vu la souscription de quatre-vingt des actions nouvelles mentionnées et contenues audit acte des 1.er, 2 et 3 juin 1824 ;

Considérant que le doublement du fonds capital de la Société, demandé et consenti par l'unanimité des actionnaires, est nécessaire au développemént et à la prospérité de cet établissement.

Notre conseil-d'état entendu ,

Nous avons ordonné et ordonnons ce qui suit :

Art. 1.er La Sociéte anonyme, dite du *Plan d'Aren*, approuvée par notre ordonnance du 7 juillet 1819, est autorisée à doubler son fonds social par l'émission de 120 actions de dix mille francs chacune , et à faire à ses statuts primitifs contenus en l'acte du 19 avril 1819, les modifieàtions énoncées en l'acte des 1.er, 2 et 3 juin 1824, passé pardevant M.e Maine de Glatigny et son confrère , notaires à Paris.

Ledit acte restera annexé à la présente ordonnance.

2. Notre ministre secrétaire-d'état de l'intérieur est chargé de l'exécution de la présente ordonnance, qui sera publiée au Bulletin des lois, avec l'acte annexé. Pareille insertion aura lieu dans le *Moniteur*, et dans un des journaux destinés à recevoir les avis judiciaires dans les départemens de la Seine et des Bouches-du-Rhône.

Donné en notre château de Saint-Cloud, le 23 juin de l'an de grâce 1824, et de notre règne le 30.

LOUIS.

Par le Roi,

Le ministre secrétaire-d'état au département de l'intérieur,

CORBIÈRE.

ORDONNANCE DU ROI

Concernant le crédit suplémentaire de l'exercice de 1823.

LOUIS, PAR LA GRACE DE DIEU, ROI DE FRANCE ET DE NAVARRE ,

A tous ceux qui ces présentes verront, salut.

Voulant réunir, avant la présentation des comptes définitifs de l'année 1823 , tous les documens nécessaires à la justification des dépenses dont la guerre d'Espagne a été l'objet :

Notre conseil-d'état entendu ,

Nous avons ordonné et ordonnons ce qui suit :

Art. 1.ᵉʳ Une commission sera chargée de recueillir tous les faits et documens propres à nous donner les moyens d'apprécier les causes et l'urgence des crédits supplémentaires accordés pour l'exercice 1823. Elle consignera le résultat de ses travaux dans un rapport qui devra nous être soumis avant le 1.ᵉʳ décembre prochain.

2. La commission établie par l'article précédent, sera composée de notre cousin le maréchal duc de Tarente, président, et des sieurs comte de Villemanzy, comte Daru, comte de Vaublanc, baron de Labouillerie et Halgan.

Nos ministres sont chargés, cha-

cun en ce qui le concerne, de l'exécution de la présente ordonnance.

Donné au château des St.-Cloud,
le 30 juin, de l'an de grâce mil huit
cent vingt-quatre, et de notre règne
le 30.⁂.

LOUIS.

Par le Roi,

*Le président du conseil des mi-
nistres.*

JH. DE VILLÈLE.

ORDONNANCE DU ROI

Concernant la Compagnie anonyme pour l'exploitation de l'usine royale d'éclairage par le gaz, à Paris.

LOUIS, PAR LA GRACE DE DIEU, ROI DE FRANCE ET DE NAVARRE,

A tous ceux qui ces présentes verront, salut.

Sur le rapport de notre ministre sécrétaire-d'état, de l'intérieur;

Vu notre ordonnance du 18 décembre 1822, portant approbation des statuts de la Société anonyme pour

18

l'exploitation de l'usine royale d'éclairage par le gaz ;

Vu l'article 22 desdits statuts, qui réserve à l'assemblée générale de ladite Société, à la charge d'approbation, la faculté d'augmenter par une émission d'actions nouvelles, son fonds capital originaire de douze cent mille francs, sans pouvoir dépasser le doublement de la mise primitive ;

Vu la délibération du conseil d'administration de ladite Compagnie, du 22 juin 1824, déposé le 24 aux actes de Maine de Glatigny, notaire à Pàris, et dont expédition restera annexée à la présente ordonnance, ladite pièce contenant extrait de la délibération de l'assemblée-générale de la même

Société, en date du 16 mai 1824, portant que le fonds social sera doublé, mais que sur ce doublement, il ne sera d'abord émis d'actions que pour six cents mille francs.

Vu les souscriptions déjà signées pour soixante nouvelles actions de dix mille francs, complétant les six cent mille francs auxquels la Société a voulu borner l'émission actuelle, et considérant que cette augmentation de fonds étant suffisante, il n'y a pas de motif actuel d'autoriser un plus ample usage de l'article 22 des statuts,

Notre conseil-d'état entendu,

Nous avons ordonné et ordonnons ce qui suit·

Art. 1.ᵉʳ La compagnie anonyme pour l'exploitation de l'usine royale d'éclairage par le gaz, est autorisée a porter son fonds social à la somme de dix-huit cent mille francs, par la création de soixante actions nouvelles, de dix mille francs chacune, qui sont déjà soumissionnées et souscrites.

2. Notre ministre secrétaire-d'état au département de l'intérieur est chargé de l'exécution de de la présente ordonnance, qui sera publiée au bulletin des lois, insérée au *Moniteur* et dans un journal d'anonces judiciaires du département de la Seine, sans préjudice des publications ordonnées par le Code de commerce.

Donné en notre château de Saint-

Cloud, le 7 juillet de l'an de grâce 1824, et de notre règne le 30.

LOUIS.

Par le Roi,

Le ministre secrétaire-d'état au département de l'intérieur,

Corbière.

18*

ORDONNANCE DU ROI,

Concernant l'apanage de la bran-
che d'Orléans.

LOUIS, PAR LA GRACE DE DIEU,
ROI DE FRANCE ET DE NAVARRE,

A tous ceux qui ces presentes verront, salut.

Vu notre ordonnance du 23 juin
1824, par laquelle en donnant notre
approbation à la session faite par notre cher et bien-aimé neveu le duc
d'Orléans, de tous ses droits et actions
sur la rivière d'Ourcq, sa navigation
et dépendances à notre bonne ville de
Paris, par acte du 24 avril 1824,
nous avons statué que les dispositions
de l'article 2 de notre ordonnance du

10 décembre dernier, en ce qui concerne le remplacement dans l'apanage de la branche d'Orléans, du prix de l'ancien canal de l'Ourcq, par des immeubles d'égale valeur, seront exécutées dans le plus bref délai, sous l'autorité et la surveillance de notre ministre des finances ;

Vu également l'article 2 de notre dite ordonnance du 10 décembre dernier ;

Ensemble, 1.° l'état des biens offerts par notre cher et bien-aimé neveu le duc d'Orléans, en remplacement du prix moyennant lequel il a cédé le canal de l'Ourq ; lesquels biens consistent en maisons et terrains en dépendans par lui achetés de ses derniers suivant divers contrats dont les dates sont énoncées dans ledit état ;

2.º Un plan indicatif desdites maisons et dépendances, duquel il résulte qu'elles sont contiguës aux terrains et bâtimens du Palais-Royal, qui font partie de l'apanage.

Considérant que la réunion de ces maisons à l'apanage d'Orléans, offre convenance et avantage : convenance, en raison de leur contiguité avec le Palais-Royal ; avantage en ce que la valeur desdites maisons telle qu'elle est fixée par le prix d'achat, s'élève à 609,000 francs de prix principaux, non compris les accessoires, tandis que le prix du canal de l'Ourcq, dont le remplacement est dû, ne s'élève qu'à 600,000 francs.

Sur le rapport de notre ministre secrétaire-d'état au département des finances,

Notre conseil d'état entendu, nous avons ordonné et ordonnons ce qui suit :

Art. 1.ᵉʳ Les trois arcades du Palais-Royal, cotées 1, 2 et 3, sur le plan, contenant ensemble cent cinquante et un mètres, quatre cents dix milièmes de mètres carrés de superficie, ainsi que les maisons rue Saint-Honoré, n.ᵒˢ 2, 4, 206, 206 *bis* et 208, toutes contiguës et contenant ensemble, quatre cent quarante-neuf mètres, six mille trois cents soixante-quinze dix milièmes de mètres de superficie; lesdites maisons et arcades teintes en jaune sur le plan et formant une contenance totale de six cents mètres, six mille sept cent soixante-quinze dix milièmes de mètres de superficie, sont et demeurent réunies et incorporées à l'apanage d'Orléans, en remplacemeut du canal de l'Ourcq, pour en jouir par notre cher et amé neveu, le duc d'Orléans actuel ainsi que du surplus de son apanage et au même titre, lui et ses descendans mâles en légitime mariage, les aînés toujours préférés aux cadets, et de la même manière que ses auteurs et lui même en ont joui jusqu'à présent, et à la charge de réversion à notre couronne à défaut d'hoirs mâles dans la ligne apanagée.

2. L'état des immeubles donnés en remplacement, signé de Badouix, directeur des domaines de notre dit neveu, ainsi que le plan qui les rattache au Palais-Royal, signé de Fon-

taine s architecte, seront et demeureront annexésous le contre scel des présentes après avoir été réciproquement
signés et paraphés par le secrétaire de
notre conseil-d'état.

3. Notre ministre secrétaire-d'état
des finances, président du conseil des
ministres, est chargé l'exécution de
la présente ordonnance, qui sera insérée au Bulletin des lois.

Donné au château des St.-Cloud,
le 18 juillet, de l'an de grâce mil
huit cent vingt-quatre, et de notre
règne le 30.

LOUIS.

Par le Roi,

Le ministre secrétaire-d'état des
finances,

Jn. DE VILLÈLE.

ORDONNANCE DU ROI

Qui annulle l'autorisation d'impressions gratuites à l'imprimerie royale.

LOUIS, PAR LA GRACE DE DIEU, ROI DE FRANCE ET DE NAVARRE,

A tous ceux qui ces présentés verront, salut.

Vu nos ordonnances des 23 juillet et 19 novembre 1823 ;

Vu l'état des impressions gratuites autorisées jusqu'à ce jour, et qui sont encore en train dans les ateliers de l'imprimerie royale ;

Considérant que plusieurs de ces autorisations ont été accordées depuis plus d'une année, et n'ont cependant reçu, dans cet intervalle de temps, aucune exécution, par le fait de ceux qui les ont obtenues,

Que d'autres impressions autorisées et déjà commencées sont interrompues depuis très-long-temps par la négligence des auteurs ou des éditeurs,

Considérant qu'il résulte des dispositions de nos ordonnances du 23 juillet et du 19 novembre 1823, que l'imprimerie royale est aujourd'hui soumise à toutes les formes de comptabilités publiques ;

Que le retard et l'interruption des impressions autorisées nuisent à la régularité du service de cet établissement, et qu'il est évidemment nécessaire de fixer un délai dans lequel ces impressions devront être exécutées ;

Sur le rapport de notre garde-des-sceaux, ministre secrétaire-d'état au département de la justice,

Nous avons ordonné et ordonnons ce qui suit ·

Art. 1.er Toute autorisation d'impression gratuite à l'imprimerie royale qui, par le fait de l'auteur ou de l'éditeur, n'aurait reçu, dans les six mois du jour où nous l'avons accordée, aucun commencement d'exécution, est annullée.

· Sont également annullées, toutes autorisations du même genre dont l'exécution aurait été commencée et suspendue ensuite pendant six mois, par le fait des auteurs ou des éditeurs.

Pourront néanmoins ces derniers se pourvoir devant nous, dans les deux cas, pour obtenir, s'il y a lieu, de nouvelles autorisations.

2. Les dispositions qui précèdent seront applicables aux autorisations d'impression gratuite que nous accorderons à l'avenir.

3. Lorsque nous aurons accordé un crédit déterminé pour l'impression gratuite d'un ouvrage, si les frais d'exécution sont inférieurs à ce crédit, les auteurs ou éditeurs ne pourront se prévaloir de l'excédent, qui sera annullé de plein droit.

4. Notre garde-des-sceaux, minis-

tre secrétaire-d'état au département de la justice, est chargé de l'exécution de la présente ordonnance.

Donné en notre château de Saint-Cloud, le 21 juillet de l'an de grâce mil huit cent vingt-quatre, et de notre règne le trentième.

LOUIS.

Par le Roi,

Le garde-des-sceaux, ministre secrétaire-d'état au département de la justice,

Comte DE PEYRONNET.

ORDONNANCE DU ROI

Concernant La Compagnie du che-
min de fer de Saint-Étienne à la
Loire.

LOUIS, PAR LA GRACE DE DIEU,
ROI DE FRANCE ET DE NAVARRE,

A tous ceux qui ces présentes verront, salut.

Sur le rapport de notre ministre
secrétaire-d'état, de l'intérieur;

Vu notre ordonnance du 26 février
1823, qui a autorisé les sieurs Lur
Laluces, Boignes, Milleret, Hochet,
Brigogne et Beaumier, à établir un
chemin de fer de Saint-Étienne à la
Loire;

19*

Vu les articles 31 à 37 , 40 et 45 du Code de commerce ;

Notre conseil-d'Etat entendu ,

Nous avons ordonné et ordonnons ce qui suit : /

Art. 1.er La Société anonyme formée à Paris , entre les concessionnaires du chemin de fer de Saint-Étienne à la Loire , pour l'exécution et l'exploitation de ce chemin , est autorisée sous le nom de *Compagnie du chemin de fer de Saint-Étienne à la Loire*, à la charge par les sieurs Boignes , Milleret , Hochet et Bricogne , lesquels nous ont déclaré se porter fort pour les héritiers du sieur Lur Saluces , titulaires avec eux de la concession dudit chemin , de garantir la Société anonyme de toute prétention et recherche de la part des héritiers dudit concessionnaire. Les statuts sont approuvés tels qu'ils sont contenus dans l'acte passé les 3 et 4 juin 1824, pardevant Maine-Glatigny et son confrère, notaires à Paris, lequel acte restera annexé à la présente ordonnance.

2. Nous nous réservons de révoquer notre autorisation en cas de non exécution ou violation des statuts, sans préjudice des droits ou des dommages-intérêts des tiers.

3. La Société sera tenue d'adresser, tous les six mois, un extrait de son état de situation au préfet du département de la Loire, et un autre au greffe du tribunal de commerce de Saint-Étienne ; pareil extrait sera re-

mis à notre ministre secrétaire-d'état de l'intérieur.

4. Notre ministre secrétaire-d'état au département de l'intérieur est chargé de l'exécution de la présente ordonnance, qui sera publiée au Bulletin des lois, avec l'acte social y annexé, et insérée tant au *Moniteur* que dans l'un des journaux d'annonces judiciaires des départemens de la Seine et de la Loire.

Donné au château de St.-Cloud, le 21 juillet, de l'an de grâce mil huit cent vingt-quatre, et de notre règne le 30.•

LOUIS.

Par le Roi,

Le ministre secrétaire-d'État au département de l'intérieur,

CORBIÈRE.

ORDONNANCE DU ROI

Concernant la composition des équipages des bâtimens de guerre.

LOUIS, PAR LA GRACE DE DIEU, ROI DE FRANCE ET DE NAVARRE,

Vu notre ordonnance du 1.er juillet 1814 ;

Sur le rapport de nôtre ministre secrétaire-d'état au département de la marine et des colonies,

Nous avons ordonné et ordonnons ce qui suit :

Art. 1.er Les états-majors et équipages des vaisseaux de tout rang, des frégates et autres bâtimens de notre marine royale, seront composés d'a-

près les fixations du tableau annexé
à la présente ordonnance.

2· Dans le cas où nos vaisseaux et
autres bâtimens réuniraient un nombre de canons ou de caronades supérieur à leur armement ordinaire, les
équipages seront augmentés dans les
proportions suivantes, savoir :

Pour deux canons	hommes.
de 36 et de 30 longs.....	14
de 30 courts et de 24....	12
de 18....................	10
de 12.	8
de 8 et de 6.............	6

Pour deux caronades , de
quel calibre qu'elles soient....   4

Si le nombre de canons ou de caronades dont le bâtiment sera armé
est au-dessous de l'armement ordi-

naire, l'équipage pourra être réduit dans les mêmes proportions.

3. En temps de paix, et pour procurer aux officiers et aux élèves de notre marine les moyens d'acquérir une instruction plus rapide, nous permettons que, suivant la nature des campagnes, les états-majors de nos bâtimens soient augmentés dans telle proportion qui sera réglée par notre ministre secrétaire-d'état de la marine et des colonies.

4 Nous autorisons également notre ministre secrétaire-d'état de la marine à faire embarquer, en temps de paix, s'il le juge convenable, un certain nombre de mousses au-delà des fixations réglementaires.

5. Toutes dispositions contraires à

la présente ordonnance sont et demeurent ab ogrées.

Mandons et ordonnons à notre
cher et bien-aimé neveu le duc d'Angoulême , amiral de France , aux
commandans , intendans , ordonnateurs de la marine, et à tous autres
qu'il appartiendra , de tenir la main
à l'exécution de la présente ordonnance.

Donné en notre château de Saint-
Cloud , le 23 juin de l'an de grâce
1824 , et de notre règne le 30.

LOUIS.

Par le Roi,

*Le pair de France , ministre se-
crétaire-d'état de la marine
et des colonies,*

Marquis DE CLERMONT-TONNERRE.

Louis-Antoine D'ARTOIS, fils de France, duc d'Angoulême, amiral de France,

Vu l'ordonnance ci-dessus, à nous adressée,

Mandons et ordonnons aux commandans, intendans et ordonnateurs, officiers militaires et civils de la marine, et à tous autres qu'il appartiendra, de tenir la main à l'exécution de la présente ordonnance.

Donné à Saint-Cloud, le 27 juin 1824.

LOUIS-ANTOINE.

Par Son Altesse Royale,

Le chevalier DE PANAT.

ORDONNANCE DU ROI

Concernant la création d'un conseil d'amirauté.

LOUIS, PAR LA GRACE DE DIEU, ROI DE FRANCE ET DE NAVARRE,

A tous ceux qui ces présentes verront, salut.

Notre conseil-d'état entendu,

No usavons ordonné et ordonnons de qui suit :

Art. 1.er Il sera créé auprès de notre ministre secrétaire-d'état de la marine et des colonies un conseil d'amirauté.

2. Le conseil d'amirauté sera composé de trois officiers-généraux de la marine et de deux officiers supérieurs

de l'administration de la marine , ou anciens administrateurs des colonies.

· Les membres du conseil d'amirauté seront nommés par nous sur la proposition du ministre de la marine et des colonies.

3. Le conseil se réunira sous la présidence de notre ministre de la marine, lequel , en cas d'empêchement , sera remplacé par un membre qu'il aura lui-même désigné.

4. Le conseil d'amirauté donnera son avis sur toutes les mesures qui auraient rapport :

A la législation maritime et coloniale et à l'administration des colonies,

A l'organisation de nos armées navales,

Au mode d'approvisionnement ,

Aux travaux et constructions maritimes,

A la direction et à l'emploi des forces navales en temps de paix et de guerre.

5. Notre ministre de la marine est chargé de l'exécution de la présente ordonnance qui sera insérée au Bulletin des lois.

Donné au château de St.-Cloud, le 4 du mois d'août, l'an de grâce mil huit cent vingt-quatre, et de notre règne le 30.ᵉ

LOUIS.

Par le Roi,

Le président du conseil des ministres,

JH. DE VILLÈLE.

ORDONNANCE DU ROI

Concernant les titres de baron, de viconte, de comte, de marquis, et de duc.

LOUIS, PAR LA GRACE DE DIEU, ROI DE FRANCE ET DE NAVARRE,

A tous ceux qui ces présentes verront, salut.

Vu l'art. 896 du Code civil, portant ; « Les biens libres formant la » dotation d'un titre héréditaire que » le Roi aurait érigé en faveur d'un » prince ou d'un chef de famille, » pourront être transmis héréditaire-» ment ainsi qu'il est réglé par l'acte

20*

» du 30 mars 1806 et par celui du
» 14 août suivant ».

L'art. 6 du statut du 1.er mars
1808, portant : « Le titulaire (du
» titre de comte) justifiera , dans les
» formes que nous nous réservons à
» détérminer , d'un revenu net de
» 30,000 francs en biens de nature
» de ceux qui devront entrer dans la
» formation des majorats ;

» Un tiers desdits biens sera affecté
» à la dotation du titre mentionné
» dans l'article 4 , et passera avec lui
» sur toutes les têtes où ce titre se
» fixera ».

L'art. 9 du même statut, portant :
» Les dispositions des art. 5 et 6 se-
» ront applicables à ceux qui porte-
» ront pendant leur vie le titre de

» *baron* ; néanmoins ; il ne seront
» tenus de justifier que d'un revenu
» de 15,000 francs dont le tiers sera
» affecté à la dotation de leur titre ,
» et passera avec lui sur soutes les tê-
» tes ou ce titre se fixera : »

L'art. 2 de notre ordonnance du 25
août 1817 , portant : « Il y aura
» trois classes de majorats de pair ;
» ceux attachés au titre de duc, les-
» quels ne pourront être composés de
» biens produisant moins de 30,000
» francs de revenu net ; ceux atta-
» chés au titre de marquis et de
» comte, ne pourront s'élever à moins
» de 20,000 francs de revenu net ;
» et ceux attachés aux titres de vi-
» comte et de baron , lesquels ne
» pourront s'élever à moins de 10,000
» francs de revenu net ; »

Enfin les articles 913, 915, 916 et 920 du Code civil ;

Sur le rapport de notre garde-des-sceaux, ministre secrétaire-d'état au département de la justice,

Nous avons ordonné et ordonnons ce qui suit :

Art. 1.er A l'avenir les titres de baron, de vicomte, de comte, de marquis et de duc qu'il nous aura plu d'accorder à ceux de nos sujets qui nous en auront paru dignes, seront personnels et ne passeront à leurs enfans et descendans en ligne directe, qu'autant que les titulaires auront été autorisés par nous à constituer et auront constitué, en effet, le majorat affecté au titre dont ils seront revêtus.

Ces titres et autorisations seront

accordées par ordonnances royales ,
sur le rapport de notre garde-des-
sceaux, et non autrement.

2. La valeur des biens nécessaires
pour la formation des majorats , reste
fixée ainsi qu'il est prescrit par les
art. 6 et 9 du premier statut du 1.er
mars 1808, et par l'art 2 de notre
ordonnance du 25 août 1817.

L'assimilation faite pour la pairie,
par notre ordonnance du 25 août
1817 , entre les majorats de baron et
de vicomte et les majorats de comte
et de marquis , sera étendue aux majorats du même genre constitués hors
de la pairie

En conséquence , le majorats attachés au titre de vicomte ou de marquis, ne pourront, or de la pairie

être composés , savoir : celui de vicomte , de biens produisant moins
de 5,000 de revenu net , et celui de
marquis, de biens produisant un revenu moindre de 10,000 fr.

3. Les biens admis dans la composition des majorats ne pourront , dans aucun cas , excéder le tiers des biens libres , appartenant à l'impétrant au moment de la formation.

4. Lorsqu'au décès du titulaire , les biens affectés au majorat excéderont la quotité disponible et auront été soumis à la réduction autorisée par les articles 920 et 921 du Code civil , si , par l'effet de la réduction , la valeur de ces biens devient inférieure à celle qui est exigée par l'article 2 ci-dessus, le majorat sera annullé et la clause de

transmission du titre sera sans effets.

5. Seront admis dans le calcul des biens nécessaires pour être autorisé à constituer un majorat, ceux que l'impétrant justifierait avoir donnés en dot ou en avancement d'hoirie à ses enfans ou descendans en ligne directe et légitime.

6. Lorsqu'à défaut de baux, l'impétrant voudra justifier du revenu de ses biens selon la forme autorisée par l'article 9 du deuxième statut du 1.er mars 1808, l'acte de notoriété sera reçu par le juge de paix dans le canton duquel les biens sont situés. Avant de faire leur déclaration, les attestans prêteront serment de ne dire que la vérité. Le procès-verbal constatera ce serment et sera signé par

chacun des attestans, par le juge de paix et par son greffier.

7. Notre garde-des-sceaux, ministre secrétaire-d'état au département de la justice, est chargé de l'exécution de la présente ordonnance.

Donné en notre château des Tuileries, le 10 février de l'an de grâce mil huit cent vingt-quatre, et de notre règne le vingt-neuvième.

LOUIS.

Plus bas est écrit :

Par le Roi,

Le garde-des-sceaux, ministre de la justice,

DE PEYRONNET.

ORDONNANCE DU ROI

Concernant les indemnités aux-
quelles ont droit les juges, offi-
ciers du ministère public et gref-
fier qui, dans le cas prévu par
l'article 496 du Code civil, se
transportent à plus de cinq kilo-
mètres de leur résidence.

LOUIS, PAR LA GRACE DE DIEU,
ROI DE FRANCE ET DE NAVARRE,

A tous ceux qui ces présentes verront, salut.

Sur le rapport de notre garde-des-
sceaux, ministre secrétaire-d'état au
département de la justice.

21

Considérant que, lorsqu'un individu dont l'interdiction est poursui-
vie, ne peut se présenter à la chambre du conseil du tribunal, il doit,
aux termes de l'article 496 du Code
civil, être entendu dans sa demeure
par un juge à ce commis, assisté du
greffier, et en présence du procureur
du Roi ; que, si cet individu n'habite
pas la ville où siège le tribunal, les
officiers qui se déplacent pour procéder et assister à son interrogatoire,
doivent nécessairement être indémni-
sés des frais que ce déplacement leur
occasionne ;

Considérant néanmoins que cette
indemnité ne peut être allouée en vertu
des articles 88 et 89 du réglement du
18 juin 1811, puisque leur applica-

tion est restreinte aux transports prévus et ordonnés par le Code d'instruction criminelle ;

Notre conseil-d'état entendu ,

Nous avons ordonné et ordonnons
de qui suit :

Art. 1.ᵉʳ Les juges, officiers du ministère public et greffier qui , dans le
cas prévu par l'article 496 du Code civil, se transporteront à plus de cinq
kilomètres de leur résidence , auront
droit aux indemnités déterminées par
lés articles 88 et 89 du réglement du
18 juin 1811 , suivant les distinctions
établies dans ces articles , en ce qui
concerne les distances.

2. Notre garde-des-sceaux, ministre secrétaire-d'état au département
de la justice, est chargé de l'exécu-

tion de la présente ordonnance, qui sera insérée au Bulletin des lois.

Donné au château de St.-Cloud, le 4 du mois d'août, l'an de grâce mil huit cent vingt-quatre, et de notre règne le 30.*.

LOUIS.

Par le Roi,

Le garde-des-sceaux, ministre de la justice,

Comte DE PEYRONNET.

ORDONNANCE DU ROI

Concernant la formation de deux nouveaux équipages de ligne.

LOUIS, PAR LA GRACE DE DIEU, ROI DE FRANCE ET DE NAVARRE,

Vu notre ordonnance du 13 novembre 1822, et le réglement du 7 janvier dernier ;

Sur le rapport de notre ministre secrétaire-d'état au département de la marine et des colonies,

Nous avons ordonné et ordonnons ce qui suit :

Art. 1.er Il sera formé deux nou-

21*

veaux équipages de ligne qui prendront les n.ᵒˢ 3 et 4.

2. Le troisième équipage sera organisé à Brest, et le quatrième à Toulon.

3. Ces corps seront recrutés conformément aux dispositions de notre ordonnance du 13 novembre 1822, et regis d'après le mode d'administration et de comptabilité déterminé par le réglement du 7 janvier dernier.

4. Notre ministre secrétaire-d'état au département de la marine et des colonies est chargé de l'exécution de la présente ordonnance.

Donné au château des Tuileries, le 11.ᵉ jour du mois d'août de l'an

de grâce 1824, et de notre règne le
trentième.

LOUIS.

Par le Roi :

*Le pair de France, ministre se-
crétaire-d'état au département
de la marine et des colonies,*

Comte DE CHABROL..

ORDONNANCE DU ROI

Concernant la Société d'assurances mutuelles contre l'incendie, formée à Bourg.

LOUIS, PAR LA GRACE DE DIEU, ROI DE FRANCE ET DE NAVARRE,

A tous ceux qui ces présentes verront, salut.

Sur le rapport de notre ministre secrétaire-d'état au département de l'intérieur ;

Notre conseil d'état entendu, nous avons ordonné et ordonnons ce qui suit:

Art. 1.er La société d'assurances mutuelles contre l'incendie, formée à Bourg, par acte passé devant

Maullet et Rollet, notaires à Bourg, les 1.er; 2 et 3 mars 1824, est autorisée par le département de l'Ain; en conséquence, les statuts de ladite Société sont approuvés tels qu'ils résultent de l'acte ci-dessus, lequel demeurera annexé à la présente ordonnance.

2. Notre autorisation étant accordée à ladite Société à la charge de se conformer aux lois et à ses statuts approuvés, nous nous réservons de la révoquer en cas de non exécution ou de violation, sauf les actions des tiers à raison des infractions commises à leur préjudice.

3. Les sociétaires devront se conformer en ce qui les concerne aux lois et réglémens de police sur le fait des incendies.

4. La Société sera tenue de remettre tous les six mois, copie conforme de son état de situation au préfet du département de l'Ain et au greffe du tribunal de commerce de Bourg.

5. Notre ministre secrétaire-d'état de l'intérieur est chargé de l'exécution de la présente ordonnance, qui sera insérée au Bulletin des lois, avec l'acte y annexé. Pareille insertion aura lieu dans le *Moniteur*, et dans le journal déstiné aux annonces judiciaires du département.

Donné au château de St.-Cloud, le 4 août 1824, et de notre règne le 30.

LOUIS.

Par le Roi,

Le ministre secrétaire-d'état au département de l'intérieur,

CORBIÈRE.

ORDONNANCE DU ROI

Concernant la Fonderie de Bor-
deaux.

LOUIS, PAR LA GRACE DE DIEU,
ROI DE FRANCE ET DE NAVARRE,

A tous ceux qui ces présentes verront , salut.

Sur le rapport de notre ministre
secrétaire-d'état au département de
l'intérieur ;

Vu les articles 29 à 37 , 40 et 45
du Code de commerce ,

Notre conseil-d'état entendu ,

Nous avons ordonné et ordonnons
ce qui suit :

Art. 1.er La société anonyme formée à Bordeaux, sous le nom de
Fonderie de Bordeaux ; et qui a
pour but la fabrication de tous les
objets qui peuvent se rapporter à l'exploitation des métaux, est autorisée.
Les statuts de cette Société, tels qu'ils
sont contenus dans l'acte passé le 20
mai 1824, pardevant Maillères et
Darrieux, notaires à Bordeaux, sont
approuvés. Ledit acte demeurera annexé à la présente ordonnance.

2. La Société sera tenue de se pourvoir quant à l'emplacement de ses
usines, des autorisations spéciales qui
seraient nécessaires, conformément à
notre ordonnance du 14 janvier 1815.

3. Nous nous réservons de révo-

quer notre approbation en cas de violation ou de non exécution des statuts
sans préjudice de l'action des tiers devant les tribunaux, à raison des infractions commises à leur préjudice.

4. La Société sera tenue de remettre tous les six mois un extrait de son
état de situation au préfet de la Gironde, au greffe du tribunal du commerce et à la chambre de commerce
de Bordeaux ; copie dudit état sera
expédiée à notre ministre de l'intérieur.

5. Notre ministre secrétaire-d'état
au département de l'intérieur est
chargé de l'exécution de la présente
ordonnance, qui sera publiée au Bulletin des lois, insérée au *Moniteur* et

22

dans le journal d'annonces judiciaires du département de la Gironde.

Donné en notre château de Saint-Cloud, le 4 août de l'an de grâce mil huit cent vingt-quatre, et de notre règne le trentième.

LOUIS.

Par le Roi,

Le ministre secrétaire-d'état au département de l'intérieur,

CORBIÈRE.

ORDONNANCE DU ROI

Concernant la Société d'assurances mutuelles contre l'incendie, formée à Versailles.

LOUIS, PAR LA GRACE DE DIEU, ROI DE FRANCE ET DE NAVARRE,

A tous ceux qui ces présentes verront, salut.

Vu l'acte passé devant M.ᵉ Huvé et son collègue, notaires à Versailles, les 29 et 30 avril, 1.ᵉʳ, 5 et 6 mai 1824, ledit acte contenant les statuts d'une Société d'assurances mutuelles contre l'incendie, pour la ville de Versailles dans les limites de l'octroi;

Vu les articles 29 à 37, 40 et 45 du Code de commerce,

Notre conseil d'état entendu, nous

avons ordonné et ordonnons ce qui suit:

Art. 1.ᵉʳ La Société anonyme formée à Versailles , département de Seine-et-Oise, sous le nom de *Société d'assurances mutuelles contre l'incendie* , est autorisée , conformément aux statuts renfermés dans l'acte ci-dessus visé ; lequel demeurera annexé à la présente ordonnance, lesdits statuts sont approuvés sauf les réserves exprimées ci-après.

2. Les dispositions de l'article 9 , relatives aux assurances faites par des créanciers hypothécaires , ne porteront aucune atteinte aux droits résultans , soit des actes préexistans , soit de l'application des lois ; et les difficultés qui pourront s'élever à cet

égard, seront jugées par les tribunaux.

3. Le second paragraphe de l'art. 13 portant ces mots : *Dans le cas d'insolvabilité notoire d'un sociétaire*, sera remplacé par ceux-ci : *Dans le cas d'insolvabilité d'un sociétaire, constaté par un jugement.*

4. La présente autorisation n'étant accordée qu'à la charge par la Société de se conformer aux lois et aux statuts particuliers qui doivent lui servir de règle, nous nous réservons de la révoquer dans le cas où ces conditions ne seraient pas remplies ; sauf d'ailleurs les actions à exercer par des tiers devant les tribunaux à raison des infractions commises à leur préjudice.

5. La Société sera tenue de remettre, tous les six mois, copie en forme de son état de situation au préfet de Seine-et-Oise et aux greffes des tribunaux de première instance et de commerce de Versailles

6. Notre ministre secrétaire-d'état de l'intérieur est chargé de l'exécution de la présente ordonnance, qui sera publiée au Bulletin des lois et insérée dans le *Moniteur* et dans le journal des annonces judiciaires du département de Seine-et-Oise.

Donné au château de St.-Cloud, le 4 août 1824, et de notre règne le 30.

LOUIS.

Par le Roi,

Le ministre secrétaire-d'état au département de l'intérieur,

CORBIÈRE.

ORDONNANCE DU ROI

Concernant la Société anonyme du Pont-Henri, établie à Montbrison.

LOUIS, PAR LA GRACE DE DIEU, ROI DE FRANCE ET DE NAVARRE,

A tous ceux qui ces présentes verront, salut.

Vu notre ordonnance du 16 juin 1824, qui autorise une Compagnie à construire, moyennant la concession d'un péage, un pont sur la Loire, au lieu de Mont-Rond, département de la Loire ;

Vu l'acte notarié du 27 du même

mois de iuin, par jequel ladite Compagnie s'est formée en Société anonyme sous le nom de Société du Pont-Henri, et a dressé les statuts qui doivent régir cette société ;

Vu les articles 29 à 37, 40 et 45 du Code de commerce ;

Notre conseil - d'état entendu,

Nous avons ordonné et ordonnons ce qui suit ;

Art. 1.er La Societé anonyme dite *du Pont-Henri*, établie à Montbrison, département de la Loire, est autorisée. Les statuts contenus dans l'acte public du 27 juin 1824, ci-dessus visé, soit approuvés et de-

meurent annexés à la présente ordonnance.

2. Nous nous réservons de révoquer notre autorisation en cas de violation ou de non exécution des statuts
par nous approuvés, le tout sauf
les droits des tiers, et sans préjudice
des dommages-intérêts qui pourraient
être prononcés par les tribunaux.

3. La Société sera tenue de remettre, tous les six mois, copie de son
état de situation au préfet de la Loire
et aux greffes des tribunaux de première instance et de commerce de
Moutbrison,

4. Notre ministre secrétaire-d'état
au département de l'intérieur est

chargé de l'exécution de la présente ordonnance, qui sera publiée au Bulletin des lois ; insérée au *Moniteur* et dans le journal des annonces judiciaires du département de la Loire.

Donné au château des Tuileries, le 11.ᵉ jour du mois d'août de l'an de grâce 1824, et de notre règne le trentième.

LOUIS.

Par le Roi :

Le ministre secrétaire-d'état au département de l'intérieur,

CORBIÈRE.

ORDONNANCE DU ROI

Concernant la Compagnie des for-ges d'Audincourt et dépendances.

LOUIS, PAR LA GRACE DE DIEU, ROI DE FRANCE ET DE NAVARRE,

A tous ceux qui ces présentes verront, salut.

Vu les articles 29 à 37, 40 et 45 du Code de commerce,

Notre conseil-d'état entendu,

Nous avons ordonné et ordonnons ce qui suit :

Art. 1.er La Société anonyme projetée à Audincourt (Doubs), sous le nom de *Compagnie des forges d'Audincourt et dépendances*, est autorisée. Les statuts consignés dans l'acte social, passé le 31 mars 1824, pardevant Berger et son collègue, notaires à Montbéliard, lequel acte restera annexé à la présente ordonnance, sont approuvés, sauf ce qui est porté en l'article suivant.

2. Notre approbation n'est donnée aux articles 6, 21 et 34 des statuts, que sous les réserves suivantes :

1.º La liquidation de la Société collective qui a précédé la Société anonyme, ne pourra être faite que pour compte et aux périls et fortunes des associés de la première, et l'actif de ladite précédente Société collective, ne sera mise dans la Société anonyme au profit des anciens intéressés, qu'à concurrence des valeurs de, l'actif absolument liquidées et effectivement transmises ;

2.° Les fonctions d'administrateur et de directeur ne pourront être cumulées.

3.° Nul ne pourra, dasn les assemblées générales, jouir de plus de six suffrages, à raison des actions dont il serait porteur, soit comme propriétaire, soit comme fondé de pouvoir.

3. Nous nous réservons de révoquer notre présente autorisation en cas de violation ou de non exécution des statuts par nous approuvés, sans préjudice des droits et dommages-intérêts des tiers.

4. La Société sera tenue d'adresser tous les six mois une copie de son

23

état de situation au préfet du département du Doubs, au tribunal de première instance de Montbéliard et à la chambre de commerce de Besançon. Semblable copie sera expédiée à notre ministre de l'intérieur.

5. Notre ministre secrétaire-d'état au département de l'intérieur est chargé de l'exécution de la présente ordonnance, qui sera publiée au Bulletin des lois, insérée au *Moniteur* et dans un journal d'annonces judiciaires du département du Doubs.

Donné au château des Tuileries, le 11 août 1824, et de notre règne le 30.

LOUIS.

Par le Roi,

Le ministre secrétaire-d'état au département de l'intérieur,

CORBIÈRE.

ORDONNANCE DU ROI

Concernant les pensions et secours accordés aux veuves et orphelins des magistrats.

LOUIS, PAR LA GRACE DE DIEU, ROI DE FRANCE ET DE NAVARRE,

A tous ceux qui ces présentes verront, salut.

Vu les articles 12, 13 et 14, de notre ordonnance du 23 septembre 1814 ; relatifs aux pensions et secours qui peuvent être accordés aux veuves et orphelins des magistrats ;

Voulant attribuer aux dispositions de ces articles toute l'extention qui est compatible avec l'état actuel de la caisse des retenues, et donner ainsi à la magistrature une nouvelle preuve de notre bienveillance et de notre sollicitude ;

Sur le rapport de notre garde-des-sceaux, ministre secrétaire-d'état au département de la justice,

Notre conseil-d'état entendu,
Nous avons ordonné et ordonnons ce qui suit :

Art. 1.ᵉʳ La veuve d'un magistrat a droit à une pension sur le fonds de retenue du ministère de la justice :

1.º Lorsqu'au moment du décès de son mari, celui-ci avait trente ans de services susceptibles d'être recompensés, soit que la pension du mari ait été liquidée, ou que la liquidation n'en ait pas encore été faite ;

2.º Lorsque son mari est décédé jouissant d'une pension de retraite concédée pour moins de trente ans de service, et liquidée postérieurement à la publication de la présente ordonnance.

2. Dans le cas de l'article précédent, la pension de la veuve sera du tiers de celle dont son mari jouissait, ou qu'il aurait eu le droit d'obtenir ; elle ne pourra néanmoins être au-dessous de *cent francs*.

3. La veuve d'un magistrat décédé en activité et ayant moins de trente ans , mais plus de dix ans de service dans l'ordre judiciaire, pourra obtenir une pension sur le fonds de retenue , en justifiant que cette pension lui est nécessaire.

Il en sera de même de la veuve d'un magistrat décédé en retraite , et qui jouissait d'une pension liquidée, pour moins de trente ans de service, avant la publication de la présente ordonnance.

4. La pension sera considérée comme nécessaire, lorsque les revenus de la veuve, à l'époque du décès de son mari, seront inférieurs aux deux tiers de la pension que celui-ci aurait obtenue ou pu obtenir.

La veuve justifiera du montant de ses revenus dans la forme et sous les conditions déterminées par notre ordonnance du 16 octobre 1822.

5. La quotité de la pension qui pourra être accordée, dans les cas prévus par les articles 3 et 4, sera déterminée, ainsi qu'il suit :

Lorsque les revenus de la veuve n'excéderont pas le tiers de la pension que son mari aurait obtenue ou pu obtenir, la pension de cette veuve sera du tiers de celle du mari, sans pouvoir néanmoins être au-dessous de *cent francs*.

Lorsque la veuve jouira d'un revenu supérieur au tiers de la pension qui aura été, ou qui aurait pû être accordée au mari, la pension de ladite veuve sera reglée de manière à ce que, réunie à son revenu, elle n'exède pas les deux tiers de la pension du mari.

6. Si la veuve jouit d'un revenu supérieur ou égal aux deux tiers de la pension accordée, ou qui eût pu être accordée à son mari, il ne pourra lui être donné de pension.

7. Il ne sera point accordé de pen-

sion sur les fonds de retenue du ministère de la justice, aux veuves qui n'auront pas été mariées cinq ans avant la cessation des fonctions de leur mari, non plus qu'à celles qui seront séparées de corps, lorsque la séparation aura été prononcée sur la demande de leur mari.

8. Conformément à l'article 20 de notre ordonnance du 23 septembre 1814, la liquidation des pensions des veuves des magistrats sera préalablement soumise à l'examen de l'un des comités de notre conseil d'état, et réglée ultérieurement par une ordonnance rendue par nous sur le rapport de notre garde-des-sceaux.

9. La pension des veuves qui contracteront un nouveau mariage, ces-

sera de plein droit dès le jour de la célébration.

10. Les secours qui peuvent être accordés aux orphelins, dans les cas prévus par l'artice 13 de notre ordonnance du 21 septembre 1814, sont fixés, pour chacun, au vingtième de la pension que leur père aurait obtenue ou pu obtenir ; néanmoins ces secours ne seront pes au-dessous de *cinquante francs*.

11. pour obtenir des secours, les tuteurs des orphelins, ou les orphelins eux-mêmes, s'ils sont majeurs, juitifieront de l'insuffisance de leurs revenus, en la forme et sous les conditions déterminées par notre dite ordonnance du 16 octobre 1822.

12. Les dispositions de la présente

ordonnance sont applicables aux veuves et orphelins des chefs et employés des bureaux du ministère de la justice et du conseil-d'état.

13. Notre garde-des-sceaux, ministre secrétaire-d'état de la justice, est chargé de l'exécution de la présente ordonnance, qui sera insérée au Bulletin des lois.

Donné à Paris, au château des Tuileries, le 17.ᵉ jour du mois d'août de l'an de grâce 1824, et de notre règne le trentième.

LOUIS.

Par le Roi :

Le garde-des-sceaux, ministre secrétaire-d'état au département de la justice,

Comte DE PEYRONNET.

ORDONNANCE DU ROI

Concernant les droits à percevoir sur les laines étrangères, sur les moutons mérinos et métis, etc.

LOUIS, PAR LA GRACE DE DIEU, ROI DE FRANCE ET DE NAVARRE,

Vu nos ordonnances des 14, 28 mai et 5 novembre 1823 ;

Vu le projet de loi présenté en notre nom à la chambre des députés le 16 juin dernier ; que le temps n'a pas permis d'y mettre en délibération ;

Notre conseil supérieur du commerce et des colonies entendu,

Sur le raport de notre président du conseil des ministres,

Nous avons ordonné et ordonnons ce qui suit :

Art. 1.ᵉʳ Les ordonnances des 14, 28 mars, et 5 novembre 1823, par lesquelles nous avons fixé les droits à percevoir sur les laines étrangères, sur les moutons mérinos et métis, sur les toiles de l'Inde, dites guinées, sortant des entrepôts pour le Sénégal, et prohibé l'entrée en France des céruses autrement qu'en poudre, continueront à être exécutées suivant leur forme et teneur.

2. Notre ministre secrétaire-d'état des finances, président du conseil des

ministres, est chargé de l'exécution de la présente ordonnance, qui sera insérée au Bulletin des lois.

Donné en notre château des Tuileries, le 16.ᵉ jour du mois d'août, de l'an de grâce 1824, et de notre règne le trentième.

LOUIS.

Par le Roi :

Le président du conseil des ministres.

JU. DE VILLÈLE.

24

ORDONNANCE DU ROI

Concernant la Commission de révision des arrêtés, décrets et autres décisions réglementaires, rendus antérieurement au rétablissement de l'autorité de S. M. Louis XVIII.

LOUIS, PAR LA GRACE DE DIEU, ROI DE FRANCE ET DE NAVARRE,

A tous ceux qui ces présentes verront, salut.

Vu les artts 14 et 68 de la Charte ;

Sur le rapport de notre garde-des-sceaux, ministre secrétaire-d'état au département de la justice,

Nous avons ordonné et ordonnons ce qui suit :

Art. 1.er Il sera formé une commission de révision, chargée de corriger et de vérifier les arrêtés, décrets et autres décisions réglementaires rendus antérieurement au rétablissement de notre autorité dans notre royaume.

2. La commission de révision préparera successivement, suivant l'ordre des matières, des projets d'ordonnances portant abrogation explicite et définitive de celles de ces décisions qu'elle jugera ne pas devoir être maintenues.

Elle préparera également, et dans le même ordre, des projets d'ordonnances destinés à remplacer celles dont les dispositions auront été reconnues utiles et qui devront être conservées.

3. La commission de révision se composera de douze membres et d'un secrétaire.

Ces dernières fonctions seront remplies par un maître des requêtes au conseil-d'état.

4. Sont nommés membres de la commission de révision,

Les sieurs :

Marquis de Pastoret, vice-président de la chambre des pairs ;

Comte Portalis, pair de France, conseiller - d'état, président de chambre à la cour de cassation ;

Marquis d'Herbouville, pair de France ;

De Martignac, membre de la chambre des députés, ministre-d'état, directeur-général de l'administration de l'enregistrement et des domaines ;

Baron Dudon, membre de la chambre des députés et conseiller-d'état.

Pardessus, membre de la chambre des députés et conseiller à la cour de cassation ;

Bonnet, membre de la chambre des députés ;

Baron Cuvier, conseiller-d'état ;

Chevalier Allent, conseiller-d'état ;

Amy, président de chambre en la cour royale de Paris et maître des requêtes au conseil-d'état ;

De Cassini, président de chambre en la cour royale de Paris ;

De Vatimesnil, conseiller-d'état, avocat-général en la cour de cassation.

5. Le baron Dunoyer, maître des

24*

requêtes au conseil-d'état et conseiller en la cour de cassation, est nommé secrétaire de la commission de révision.

6. Notre garde-des-sceaux, ministre secrétaire-d'état au département de la justice, est chargé de l'exécution de la présente ordonnance.

Donné au château des Tuileries, le 20 août, l'an de grâce mil huit cent vingt-quatre, et de notre règne le 30.

LOUIS.

Par le Roi :

Le garde-des-sceaux, ministre de la justice,

Comte DE PEYRONNET.

ORDONNANCES DU ROI

Relatives à l'Imprimerie royale.

LOUIS, PAR LA GRACE DE DIEU, ROI DE FRANCE ET DE NAVARRE,

A tous ceux qui ces présentes verront, salut.

Vu les articles 5 et 6 de l'ordonnance du 23 juillet 1823 ;

Sur le rapport de notre garde-des-sceaux, ministre secrétaire-d'état au département de la justice,

Nous avons ordonné et ordonnons ce qui suit :

Art. 1.ᵉʳ Les emplois d'inspecteur et de directeur de l'imprimerie royale sont supprimés.

2. Cet établissement sera dirigé, à l'avenir, par un seul fonctionnaire, qui prendra le titre d'*administrateur de l'imprimerie royale.*

3. Les dispositions contraires à la présente ordonnance sont abrogées.

4. Notre garde-des-sceaux, ministre secrétaire-d'état au département de la justice, est chargé de l'exécution de la présente ordonnance.

Donné au château des Tuileries, le 11 du mois d'août, de l'an de grâce 1824, et de notre règne le trentième.

LOUIS.

Par le Roi :

Le garde-des-sceaux, ministre de la justice,

Comte DE PEYRONNET.

LOUIS, par la grace de Dieu,
Roi de France et de Navarre ,

A tous ceux qui ces présentes verront , salut.

Vu l'article 4 de la loi du 22 mai
1822.

Sur le rapport de notre garde-des-
sceaux , ministre secrétaire-d'état au
département de la justice ,

Nous avons ordonné et ordonnons
ce qui suit :

Art. 1.er Les dispositions de l'ordonnance du 2 octobre 1822 sont
applicables aux fonctionnaires et employés de l'imprimerie royale , qui
auront été réformés par suite de la
suppression de leur emploi.

2. Notre garde-des-sceaux , ministre secrétaire-d'état au département

de la justice, est chargé de l'exécution de la présente ordonnance.

Donné en notre château des Tuileries, le 11 août de l'an de grâce 1824, et de notre règne le 30.

LOUIS.

Par le Roi,

Le garde-des-sceaux, ministre secrétaire-d'état au département de la justice,

Comte DE PEYRONNET.

LOUIS, PAR LA GRACE DE DIEU, ROI DE FRANCE ET DE NAVARRE,

A tous ceux qui ces présentes verront, salut.

Vu les dispositions des décrets des 18 septembre 1806, et 28 janvier 1811, et de nos ordonnances des 3 juillet 1816 , 12 janvier 1820 et 30 juin 1824 , relatives aux pensions des chefs , employés et ouvriers de l'imprimerie royale ;

Vu aussi notre ordonnance du 11 de ce mois , qui rend applicables à cet établissement les dispositions de celle du 2 octobre 1822 , concernant les indemnités temporaires à accorder en cas de réforme , jusqu'à la liquidation , et au payement des pensions des employés des administrations centrales de nos ministères ;

Sur le rapport de notre garde-des sceaux , ministre secrétaire-d'état au département de la justice ,

Notre conseil-d'état entendu ,

Nous avons ordonné et ordonnons ce qui suit :

TITRE PREMIER.

Formation de la caisse.

Art. 1.er La caisse des pensions de
retraite et de secours en faveur des
fonctionnaires, chefs, employés, ouvriers et hommes de peine de l'imprimerie royale, ainsi que de leurs veuves et enfans se composera :

1.º Des produits de la retenue de
deux pour cent qui continuera d'être
faite sur le salaire des ouvriers et
hommes à la journée et aux pièces ;

2.º Des retenues, sur les salaires
qui ont lieu pour infraction à la dis-
cipline établie dans les ateliers :

3.º du produit de la retenue de
trois pour cent sur les traitemens fixes
des fonctionnaires, employés et chefs
d'atelier, au-dessus de 2,000 fr.

4.º D'un douzième des traitemens fixes des nouveaux titulaires, à prélever mois par mois pendant la première année ;

5.º Du douzième des augmentations de traitemens fixes, à prélever dans les trois premiers mois ;

6.º Enfin ; des rentes appartenaut à ladite caisse, ou qui lui ont été attribuées par nos ordonnances.

2. Le montant des retenues de toute nature sera versé, chaque semaine, à la caisse des dépôts et consignations, à la diligence du maître des requêtes administrateur de l'imprimerie royale.

Cette caisse continuera à faire le recouvrement des rentes sur l'État, affectées au service des pensions.

Les sommes provenant des versemens des retenues et des arrérages des
rentes qui excéderaient le service tri-
mestriel des pensions, seront conver-
ties en rentes, dès que le capital pourra
permettre l'acquisition de dix francs
de rente.

TITRE II.

*Ages auxquels les services peuvent
commencer, et formes dans lesquelles ils devront être constatés.*

3. Aucun employé ne sera nommé
définitivement avant l'âge de 21 ans
accomplis.

Nul ne sera admis définitivement
comme ouvrier ou homme de peine,
avant l'âge de vingt ans. Les femmes
pourront être admises, en qualité
d'ouvrières, à l'âge de dix-huit ans.

Les employés, ouvriers et ouvrières admis avant l'âge fixé ci-dessus, seront considérés comme temporaires et aides d'ateliers.

§ I.ᵉʳ *Services des chefs et employés.*

4. Tous fonctionnaires, chefs de service et employés devront être inscrits, après 21 ans accomplis, ou à la date de leur nomination après cet âge, sur un registre matricule.

Ce registre sera coté et paraphé par le maître des requêtes, administrateur de l'établissement.

Il devra être ouvert de manière à permettre d'y porter toutes les mutations.

Il indiquera, sous un autre numéro d'ordre continu, les noms,

prénoms , âge de chaque chef et employé , la nature des fonctions qui lui
sont confiées , et le traitement qui
lui est attribué , ainsi que les services antérieurs dont il aurait produit la
justification légale.

A l'appui de ce registre , seront
déposés les extraits de naissance et les
certificats ou pièces constatant les services antérieurs.

§ II. *Service des ouvriers, ouvriè-*
res , garçons d'ateliers et hom-
mes de peine.

5. Les ouvriers, ouvrières, garçons
d'ateliers et hommes de peine seront
distingués en deux classes, les ouvriers
ordinaires et les ouvriers extraordinaires ou temporaires.

Séront considérés comme ouvriers ordinaires ceux qui auront été employés habituellement pendant plus d'un an.

6. Un registre-matricule spécial aux ouvriers , ouvrières , garçons d'ateliers et hommes de peine, sera tenu de la même manière et dans les mêmes formes que celui destiné aux chefs de service et employés.

Il portera les mêmes indications et sera appuyé des mêmes pièces.

Tout ouvrier , ouvrière, garçon d'atelier, homme de peine, ayant plus d'un an de service habituel dans les ateliers ou magasins , et l'âge requis, aura droit de s'y faire inscrire.

7. A moins de causes particulières, les ouvriers portés sur le registre ma-

25*

tricule ne pourront être momentanément congédiés et réappelés que dans
leur rang d'inscription sur ce registre.

Le mouvement des ouvriers, dis-
tingué en service ordinaire et extraordinaire, sera établi, chaque semaine,
et sera porté sur le registre matricule,
après avoir été approuvé par l'administrateur.

Les états dressés à cet effet resteront
à l'appui de l'inscription sur ce registre.

8. Lorsqu'un des chefs ou employés, ouvriers, garçons d'ateliers
ou hommes de peine sera rayé des
matricules, le motif ou l'extrait de
la décision sera porté en marge de son
inscription sur le registre.

9. Tout employé, ouvrier ou

homme de peine , qui sera rayé du registre matricule , perdra , par ce, seul fait , tout droit à réclamer une pension , sauf son recours contre sa radiation auprès de notre garde-des-sceaux.

TITRE III.

Droits à la retraite.

10. Les droits des fonctionnaires et employés, à la retraite , se forment de tous les services rendus dans d'autres administrations publiques , ressortissant au Gouvernement et payées par l'État, sous la condition qu'il y aura au moins dix ans d'exercice à l'imprimerie royale.

11. Les ouvriers et ouvrières ne pourront compter que leurs services à l'imprimerie royale, ou dans les

imprimeries des administrations qui y ont été réunies, et ils devront avoir également dix ans d'exercice dans cet établissement.

12. Le temps successif pendant lequel un ouvrier ou ouvrière aura travaillé à l'imprimerie royale, lui sera compté à partir de son inscription sur le registre matricule, à condition :

1.° Qu'il n'aura quitté les ateliers que sur l'autorisation de l'administration ;

2.° Qu'il sera rentré, au moins dans les quinze jours, à partir du jour de l'invitation qui lui en aura été faite par l'administration ;

13. En conséquence de l'article ci-dessus, les ouvriers et ouvrières qui auraient quitté leurs atteliers sans l'or-

dre de l'administration , ou qui , ayant été appelés , ne se seraient pas rendus dans le délai prescrit , seront rayés des matricules, et n'auront plus aucun droit à la pension de retraite.

14. L'ouvrier ou ouvrière qui se-rait renvoyé des ateliers pour insu-bordination ou mauvaise conduite, quel que soit son temps de service , pérdra ses droits à la retraite, et sera rayé du registre-matricule.

Cette radiation n'aura lieu néan-moins que sur une décision écrite du maître des requêtes administrateur, en suite de l'examen de sa conduite, en conseil , et sauf son recours à no-tre garde-des-sceaux.

15. Le fonctionnaire ou l'employé destitué ou démissionnaire , quelque

soit son temps de service, perdra ses droits à la pension de retraite.

16. Les services à l'imprimerie royale seront justifiés par un extrait des registres-matricules de l'administration dûment certifié par le maître des requêtes administrateur ;

Les services antérieurs, par des certificats signés des chefs d'administration ou des secrétaires-généraux en exercice de fonctions, à l'époque de la délivrance des certificats, et à défaut de ces pièces, par un extrait des comptes ; ledit extrait certifié par le greffier de cette cour.

17. Les services de l'imprimerie royale ne pourront être comptés pour la pension des fonctionnaires, employés et ouvriers qu'à partir de l'é-

poque de leur inscription sur le registre-matricule.

18. La fraction de services au-dessous de sept mois ne sera pas comptée, celle de sept mois et au-dessus le sera pour une année.

19. Les brevets de pension ne pourront être délivrés qu'autant qu'il y aura dans la caisse des fonds libres, et au fur et à mesure qu'il y en aura.

En cas de concurrence dans les demandes de pensions, l'ancienneté de service d'abord, et ensuite l'âge et les infirmités décideront de la préférence.

20. Nul ne pourra cumuler avec la pension qu'il aurait obtenue sur la caisse des retraites de l'imprimerie royale, ni une autre pension, ni un traitement d'activité, sinon dans

les cas prévus par les lois et ordonnances.

TITRE IV,

Admission à la retraite.

§ 1.er *Par temps de services, âge
ou infirmités.*

21. Les fonctionnaires, chefs et
employés, ouvriers, garçons d'ateliers
et hommes de peine de l'imprimerie
royale auront droit à la pension de
retraite, après trente ans de services
effectifs, ou lorsqu'au terme de vingt-
cinq ans de services, ils auront atteint
l'âge de soixante ans, ou qu'ils auront des infirmités qui les mettraient
dans l'impossibilité de travailler,

La pension sera, en partie, rever-
sible à leurs veuves, ainsi qu'il sera
dit ci-après.

22. Une pension de retraite pourra néanmoins être accordée, avant lesdits trente ans, ou vingt-cinq ans de services et soixante ans d'âge aux employés et ouvriers, que des accidens graves, *survenus dans l'exercice de leurs fonctions ou de leurs travaux,* mettraient également hors d'état de pourvoir à leur existence.

§ 2. *Par réforme.*

23. Les employés réformés qui ne se trouvant pas dans les cas prévus par les articles 21 et 22 ne pourront obtenir uue pension, auront droit à une indemnité réglée, ainsi qu'il sera dit article 33.

24. Les ouvriers qui, étant dans le cas de l'article 22, auraient droit à une pension de retraite, recevront

26

jusqu'à la liquidation et payement de cette pension, une indemnité, réglée, ainsi qu'il sera dit ci-après, article 34.

TITRE V.

Fixation des Pensions de retraite.

§ 1.ᵉʳ *Bases de la liquidation.*

1.º *Des fonctionnaires, chefs et employés.*

25. Pour déterminer la pension des chefs et employés, il sera fait une année moyenne du traitement fixe dont les réclamans auront joui pendant les trois dernières années de leur service. Ne seront pas compris dans le traitement les gratifications ou traitemens extraordinaires qui leur auraient été accordés pendant ces trois ans.

26. La pension accordée après trente ans ou vingt-cinq ans de service, d'après l'article 21 , sera de la moitié de ladite année moyenne de traitement·

Elle s'accroîtra du vingtième de cette moitié pour chaque année de service au-delà de trente ans , sans que, dans aucun cas, la pension de retraite puisse excéder les deux tiers du traitement moyen , ni s'élever à plus de 6,000 francs, quel que soit d'ailleurs le taux du traitement.

27. La pension accordée avant trente ou vingt-cinq ans de service, dans les cas prévus par l'article 22 , sera du sixième du traitement moyen pour dix ans de service.

Elle s'accroîtra d'un soixantième de ce traitement pour chaque année de

service au-dessus de dix ans, sans
que pour cela elle puisse jamais excéder celle qui est accordée pour trente
ans.

2.° *Des ouvriers et ouvrières.*

28. La pension accordée aux ouvriers après trente ans de service, ou
vingt-cinq ans avec soixante ans d'âge,
est fixée à quatre cents francs par
année.

Elle s'accroîtra d'un vingtième par
année en sus des trente ans, sans pouvoir dépasser cinq cents francs.

Le taux de la pension des ouvrières est fixé, pour le même temps de
service et sous les mêmes conditions,
aux deux tiers de celle accordée aux
ouvriers.

29 La pension accordée dans le cas

de l'article 22 sera du trentième de la somme fixée ci-dessus pour les ouvriers, par chaque année de service, sans qu'elle puisse dépasser cinq cents francs.

La pension des ouvrières, dans le même cas, sera des deux tiers.

3.° *Des garçons d'atelier et hommes de peine.*

30. La pension accordée aux garçons d'ateliers et hommes de peine, après trente ans de service, ou vingt-cinq ans et soixante ans d'âge, est fixée à trois cents francs par année.

Elle s'accroîtra d'un vingtième par année en sus de trente ans, sans pouvoir dépasser quatre cents francs.

31. Dans le cas de l'article 22, cette pension sera réglée à raison du tren-

26 *

tième de la fixation ci-dessus, pour chaque année de service.

§ II. *Formes à suivre pour la liquidation.*

32. Les demandes à fin de pensions seront inscrites par ordre de dates et de numéros, sur un registre à ce destiné.

Le travail relatif à leur liquidation sera fait par le maître des requêtes, administrateur, et, sur l'ordre de notre garde-des-sceaux, renvoyé à l'examen du comité de législation de notre conseil-d'état.

TITRE VI.

Indemnité de réforme.

33. Les employés supprimés recevront pendant la première année qui

suivra leur suppréssion, une indemnité égale à la moitié du traitement dont ils jouiront au jour de la cessation de leur service.

Après l'expiration de cette année, l'indemnité des employés, qui n'auront pas droit à la pension, sera réduite au *minimum* de la pension correspondante à leur traitement, et la durée en sera égale à celle de leur activité.

Les indemnités cesseront successivement à mesure que les pensions commenceront à être payées.

34. Dans le cas de l'article 24 ci-dessus, l'indemnité à payer à l'ouvrier, jusqu'à la liquidation de la pension et à son payement, sera :

Pour les hommes, de un franc par jour.

Pour les femmes, de soixante-dix centimes.

35. Ces indemnités seront payées comme les frais d'administration et d'ateliers, sur les produits de l'établissement et sans retenues.

36. L'indemnité cessera d'être payée, ou la pension sera suspendue, à l'égard de tout employé réformé qui refuserait un emploi, à l'imprimerie royale, d'un traitement égal à celui dont il jouissait à l'époque de la réforme.

Il en serait de même pour tout ouvrier ou ouvrière, qui, après avoir été congédié, serait rappelé et ne rentrerait pas dans les ateliers.

TITRE VII.

Des pensions des veuves et des se-
cours à accorder aux enfans.

§ I.er *Des veuves.*

37. Les pensions des fonctionnaires, employés, ouvriers, garçons d'ateliers et hommes de peine, seront, en partie, reversibles à leurs veuves, lorsqu'elles auront été obtenues ou auraient pu l'être après trente ans de service.

Lorsqu'elles n'auront été ou n'auraient pu être accordées que pour une durée moindre de services, la reversibilité ne sera que facultative.

38. Les veuves ne pourront réclamer le bénéfice de l'article ci-dessus qu'à condition ,

1.° Qu'elles représenteront l'acte de la célébration de leur mariage ;

2.° Qu'elles auront été mariées depuis cinq ans au moins à l'époque du décès de leurs maris ;

3.° Qu'il n'aura pas existé entre les époux de séparation de corps prononcée sur la demande du mari.

39. Les droits de la veuve admise à la reversibilité, seront, si elle n'a pas d'enfant, ou si ceux qu'elle a sont âgés de plus de quinze ans accomplis ;

Du tiers de la pension dont son mari a joui, ou dont il aurait eu droit de jouir ;

De la moitié ; si elle a deux enfans au-dessous de l'âge de quinze ans accomplis ;

Des deux tiers, si elle a trois en-

fans ou un plus grand nombre au-dessous du même âge.

40. Cette pension sera réduite dans
les mêmes proportions , à mesure du
décès des enfans , ou à mesure qu'ils
parviendront à l'âge de quinze ans
accomplis.

41. La veuve qui se remariera perdra ses droits à la reversibilité.

§ II. *Des enfans.*

42. Lorsqu'il n'y aura pas , ou lorsqu'il n'y aura plus lieu à la reversibilité de la pension en faveur de la
femme , soit par l'événement de son
décès , soit par l'effet des déchéances
prononcées contre elle par les n.os 2
et 3 de l'article 38 , et par l'article 41,
les enfans auront droit à un secours
annuel , si leur père a obtenu ou s'il

avait eu droit d'obtenir une pension à raison de trente ans de service.

Cette disposition ne sera que facultative, si la pension n'avait été accordée ou meritée que pour un moindre nombre d'années de service.

43. Ces secours ne seront donnés qu'aux enfans nés en légitime mariage, et sur la représentation de leur acte de naissance.

Ils cesseront d'en jouir lorsqu'ils auront atteint quinze ans accomplis.

44. Ces secours seront annuellement :

Du quart de la pension du père, s'il n'y a qu'un enfant,

Du tiers s'il y en a deux,

De moitié, s'il y en a quatre,

Des deux tiers, s'il y en a plus de quatre.

45. Ces secours seront, comme les pensions, acquittés par la caisse des dépôts et consignations.

TITRE VIII.

Du payement des pensions.

46. Les pensions de retraite seront payées, tous les trois mois, à la caisse des dépôts et consignations, sur l'ordonnance de notre garde-des-sceaux.

47. L'émargement du pensionnaire sur les états de trimestre qui serviront au payement de ces pensions, sera appuyé d'un certificat de vie, et, en outre, pour les veuves ayant des enfans et pour les enfans jouissant de secours, des actes de naissance constatant l'âge des enfans, délivré sans frais à la mairie de leur domicile.

27

TITRE IX.

*Des secours temporaires à accor-
der aux ouvriers, garçons d'a-
teliers et hommes de peine pour
cause de maladie.*

48. Il pourra être accordé, sur
les fonds de la caisse des retraites, des
secours temporaires aux ouvriers,
garçons d'ateliers et hommes de peine,
malades ou blessés *dans leurs travaux à l'imprimerie royale.*

49. Ces secours ne pourront être
délivrés qu'aux ouvriers, garçons d'a-
teliers et hommes de peine inscrits
sur le registre matricule.

50. Il n'y aura lieu à délivrer de
secours aux ouvriers que dans le cas de
maladie susceptible d'arrêter leurs travaux pendant plus d'une semaine.

Les ouvrières, garçons d'ateliers et hommes de peine, pourront en recevoir aussitôt après que la maladie aura été constatée par le chirurgien-médecin de l'établissement.

51. Ces secours seront :

Pour les hommes, de un franc par jour ; pour les femmes, de soixante-dix centimes.

52. Ils ne pourront être accordés, dans une année, à la même personne, pour plus de quatre-vingt-dix jours ; soit continus ou avec intervalle, et renouvelés d'une année à l'autre qu'après au moins trois mois dès derniers secours accordés.

53 Ils ne pourront dépasser, par semaine, le cinquième du montant des retenues et amendes sur le total des banques réunies.

54. En cas de concurrence par l'insuffisance du cinquième du montant des retenues, les ouvriers, garçons d'ateliers et hommes de peine, les plus malades et les plus âgés, et ensuite les plus anciens de ceux qui auraient reçu des secours pendant le moindre nombre de jours auront la préférence.

55. Les secours seront avancés par la caisse de l'imprimerie royale, qui en sera remboursée, tous les trois mois, sur les fonds de retraite et secours, au moyen d'une ordonnance de notre garde-des-sceaux sur la caisse des dépôts et consignations.

TITRE X.

Dispositions générales.

56. Les pensions accordées après

trente ans effectifs de service, ou vingt-cinq ans et soixante ans d'âge, seront liquidées avec jouissance à partir de la cessation des fonctions, sauf l'imputation de l'indemnité payée en vertu du titre VI ci-dessus.

L'époque de la jouissance pour celles accordées avant trente ans de service, ou vingt-cinq ans et soixante ans d'âge, sera fixée à partir du premier jour du trimestre dans lequel l'ordonnance de concession aura été rendue, et sans rappels d'arrégages antérieurs, sauf également l'imputation de l'indemnité qui aurait déjà été payée dans ce trimestre.

57. Les pensions non concédées, réclamées avant la publication des présentes, à raison de trente ans de

27*

de service, ou vingt-cinq ans et soixante ans d'âge, seront liquidées d'après les bases établies par les ordonnances qui étaient en vigueur à l'époque où les demandes en liquidation ont été formées.

Celles réclamées pour des services moindres de trente ans, ou vingt-cinq ans avec soixante ans d'âge, seront liquidées d'après les bases fixées dans la présente ordonnance.

58. Tous réglemens relatifs aux pensions et secours des employés et ouvriers de l'imprimerie royale, contraires à ce qui est ordonné par les présentes, sont abrogés.

59. Il n'est pas dérogé aux dispositions de notre ordonnance du 6 août 1823.

60. Notre garde-des-sceaux, ministre secrétaire-d'état de la justice, et notre ministre secrétaire-d'état au département des finances sont chargés, chacun en ce qui le concerne, de l'exécution de la présente ordonnance.

Donné à Paris, au château des Tuileries, le 20.ᵉ jour du mois d'août de l'an de grâce 1824, et de notre règne le trentième.

LOUIS.

Par le Roi :

Le garde-des-sceaux, ministre secrétaire-d'état au département de la justice,

Comte DE PEYRONNET.

ORDONNANCE DU ROI

Concernant les affaires ecclésias-
tiques et l'instruction publique.

LOUIS, PAR LA GRACE DE DIEU,
ROI DE FRANCE ET DE NAVARRE,

A tous ceux qui ces présentes verront, salut.

Notre conseil-d'état entendu,

Nous avons ordonné et ordonnons ce qui suit :

Art. 1.er Les affaires eclésiastiques et l'instruction publique seront dirigées à l'avenir par un ministre secrétaire-d'état, qui prendra le titre de ministre secrétaire-d'état au département des affaires ecclésiastiques et de l'instruction publique.

2. Les attributions du ministre des affaires ecclésiastiques et de l'instruction publique comprendront la présentation des sujets les plus dignes d'être promus aux archevêchés, évêchés et autres titres ecclésiastiques de notre royaume; les affaires concernant la religion catholique et l'instruction publique, les dépenses du clergé catholique, des édifices diocésains, des colléges royaux et des bourses royales.

Il exercera les fonctions de grand maître de l'Université de France, telles qu'elles sont déterminées par les lois et réglemens, à l'exception de celles qui sont relatives aux facultés de théologie protestante, à l'égard desquelles les fonctions de grand-maître seront exercées par un membre de notre conseil royal d'instruction publique, et continueront d'être dans les attributions de notre ministre de l'intérieur, ainsi que toutes les affaires relatives aux cultes non catholiques.

3. Le président de notre conseil des ministres est chargé de l'exécution de la présente ordonnance.

Donné au château des Tuileries, le 26.ᵉ jour du mois d'août de l'an de grâce 1824, et de notre règne le trentième.

LOUIS.

Par le Roi,

Le président du conseil des ministres,

Ju. DE VILLÈLE.

ORDONNANCE DU ROI

Concernant l'Administration des eaux et forêts.

LOUIS, PAR LA GRACE DE DIEU, ROI DE FRANCE ET DE NAVARRE,

A tous ceux qui ces présentes verront, salut.

Nous avons ordonné et ordonnons ce qui suit :

Art. 1.ᵉʳ Le eaux et forêts de notre royaume, en ce qui concerne la pêche, la conservation, l'exploitation et l'amélioration des bois, et la surveillance à exercer sur les forêts appartenant aux communes et établissemens publics, seront administrées par un directeur-général nommé par nous , sur la présentation de notre ministre secrétaire-d'état des finances.

Les soins qui tiennent à la propriété des eaux et forêts , soit qu'il s'agisse de revendiquer, de défendre ou d'aliéner , demeurent exclusivement attribués à l'administration des domaines.

2. Il y aura près de notre directeur-général des forêts , trois administrateurs.

Les places de secrétaire-général et d'inspecteurs-généraux des forêts sont supprimées.

3. Le directeur-général dirige et surveille, sous les ordres de notre ministre des finances , toutes les opérations relatives au service ;

Il travaille seul avec le ministre des finances ; il correspond seul avec les

diverses autorités ; il a seul le droit
de recevoir et d'ouvrir la correspon-
dance ; il signe tous les ordres géné-
raux de service ; il rend compte au
ministre de tous les résultats de son
administration.

4. Notre ministre déterminera les
parties de service dont la suite sera at-
tribuée à chaque administrateur.

Les administrateurs pourront être
chargés de missions temporaires dans
les départemens, avec l'approbation
du ministre des finances.

5. Les administrateurs et les con-
servateurs seront nommés par nous,
sur le rapport de notre ministre des
finances.

Notre ministre secrétaire-d'état des

finances nommera aux places d'inspecteurs et de sous-inspecteurs.

Le directeur-général nommera à
tous les autres emplois, en se conformant à l'ordre hiérarchique des
grades.

6. Les administrateurs se réunis-
sent en conseil d'administration sous
la présidence du directeur-général.
Le conseil d'administration est nécessairement consulté sur toutes les matières contentieuses, sur les destitu-
tions et revocations des agens forestiers,
sur les dépenses à faire, demandes en
remises, modérations d'amendes et
remboursemens pour moins de mesure, soit que la décision de ces affaires appartienne au directeur-général,
ou qu'elle soit réservée au ministre.

Le directeur-général des forêts devra, en outre, faire délibérer le conseil d'administration sur tous les objets qu'il doit soumettre à l'approbation du ministre des finances et dont la nomenclature suit :

Le budget général ;

Dispositions de service qui donneraient lieu à une dépense au-dessus de 500 francs ;

Changemens dans la circonscription des arrondissemens forestiers ;

Suppressions d'agens suppérieurs ;

Questions douteuses dans tous les cas d'application des lois, ordonnances et réglemens ; dans tous ceux qui ne sont pas prévus ou qui ne sont pas suffisamment définis par lesdites lois, ordonnances et réglemens, et sur les instructions générales relatives à leur exécution ;

Pourvois au conseil-d'état ;

Poursuites et appels devant les tribunaux ;

Coupes extraordinaires dans les bois de l'État, des communes et des établissemens publics ;

Cahier des charges pour les adjudications en coupes annuelles ;

Projets d'aménagemens et d'échanges ;

Demandes en remise ou modération d'amendes et remboursemens pour moins de mesure qui excéderont 50(francs ;

Demandes en autorisation de défricher des bois ou portions de bois d'une contenance au-dessus d'un hectare.

Extraction de minerai ou de matériaux dans les forêts ;

Constructions a proximité des forêts ;

Liquidation de pensions ;

Mises en jugement :

Réclamations de toute nature contre les décisions émanées du directeur-général.

7. Il sera, par le directeur-général, statué sur les affaires qui sont du ressort de l'administration des forêts, autres que celles mentionnées à l'article précédent, sauf le recours des parties devant notre ministre des finances.

8. Il sera établi près de l'administration des forêts, et sous la surveillance du directeur-général, une école dans laquelle seront enseignées toutes

28*

les parties de l'histoire naturelle, des mathématiques et de la jurisprudence qui ont plus spécialement rapport avec les bois et forêts.

Le choix des professeurs, les régle-mens relatifs à l'organisation de l'école forestière, au nombre et à l'admission des élèves, au système et à la durée des études, seront approuvés par le ministre, sur le rapport du directeur-général, et après avoir été délibérés dans le conseil d'administration. Le ministre déterminera également, par réglement, dans quelle proportion, après avoir achevé leur cours d'études, les élèves concourront aux places va-cantes de gardes-généraux des forêts.

9. Notre ordonnance du 11 octobre 1820 continuera de recevoir son exé-

cution en tout ce qui n'est pas contraire aux dispositions contenues dans la présente.

10. Notre ministre secrétaire-d'état des finances est chargé de l'exécution de la présente ordonnance, qui sera insérée au Bulletin des lois.

Donné en notre château des Tuileries, le 26.ᵉ jour du mois d'août, de l'an de grâce 1824, et de notre règne le trentième.

LOUIS.

Par le Roi :

Le ministre secrétaire-d'état des finances,

Jii. DE VILLÈLE.

—————————

ORDONNANCE DU ROI

Concernant l'admission des services civils dans la liquidation des soldes de retraite assignées sur la caisse des Invalides de la marine.

LOUIS, PAR LA GRACE DE DIEU, ROI DE FRANCE ET DE NAVARRE,

Vu la loi du 22 août 1790, art. 1.er et 4 du titre I.er, établissant les règles générales sur les pensions ;

Vu le réglement de 1803 pour la fixation des soldes de retraite dans le département de la marine ;

Vu notre ordonnance du 27 août

1814, relative à la solde de retraite de l'armée de terre ;

Considérant que l'organisation de la marine comporte, en outre de son personnel militaire, un grand nombre d'agens de diverses professions qui ne peuvent être employés utilement dans les ports ou dans les colonies qu'à la suite de services rendus en France dans d'autres départemens ministériels ;

Considérant toutefois qu'en conservant à un agent le droit de compter ses services civils, il ne convient pas qu'il puisse profiter de la disposition qui permet de cumuler la solde de retraite avec un traitement civil, concession faite au militaire sous la

condition de ne point compter ses
services civils ;

Sur le rapport de notre ministre
secrétaire-d'état de la marine et des
colonies ,

Nous avons ordonné et ordonnons ce qui suit :

Art. 1.er A l'avenir , le temps de
service acquis dans des fonctions judiciaires ou administratives, et tous
autres services donnant droit à une
pension de retraite , sera admis dans
la liquidation des soldes de retraite ,
assignées sur la caisse des invalides
de la marine.

2. Les soldes de retraite dans la

fixation desquelles il aura été admis des services civils , ne pourront être cumulées avec le traitement ataché à une fonction civile,

3. Le ministre secrétaire - d'état de la marine et des colonies est chargé de l'exécution de la présente ordonnance.

Donné en notre château de Saint-Cloud , le 21.ᵉ jour du mois de juillet , l'an de grâce mil huit cent vingt-quatre , et de notre règne le trentième.

LOUIS.

Par le Roi :

Le ministre et secrétaire-d'état de la marine et des colonies ,

Marquis DE CLERMONT-TONNERRE,

ORDONNANCE DU ROI

Portant création d'archives de la couronne.

LOUIS, PAR LA GRACE DE DIEU, ROI DE FRANCE ET DE NAVARRE,

A tous ceux qui ces présentes verront , salut.

Sur le compte qui nous a été rendu par le ministre secrétaire-d'état de notre maison, de la nécessité de réunir dans un seul dépôt les titres, actes et pièces qui concernent la propriété du domaine de la couronne, et sur la demande qui a été faite de la formation de ces archives, dans l'intérêt de l'État, par le

ministre secrétaire-d'état au département des finances,

Nous avons ordonné et ordonnons
ce qui suit :

Art. 1. " Les titres, actes, pièces et documens servant à l'établissement de la propriété des immeubles qui composent la dotation
de la couronne, seront réunis dans
des archives spéciales, confiées à la
garde d'un archiviste, et placées à
Paris dans l'un de nos bâtimens.

2. L'archiviste de la couronne sera
nommé par nous, sur la présentation
du ministre secrétaire-d'état de notre maison, qui recevra son serment.

3. Il sera placé sous les ordres et

l'autorité du ministre secrétaire-d'état de notre maison.

4. Dans un délai de six mois à compter de ce jour, les titres, actes et pièces ci-dessus désignés, devront être déposés aux archives de la couronne par les intendans ou administrateurs de la liste civile qui en seraient détenteurs.

5. L'archiviste de la couronne est autorisé à requérir de la part de tout dépositaire ou officier public la remise des titres ou actes concernant la propriété du domaine de la couronne, ou au moins des expéditions en bonne forme pour ceux de ces actes dont les minutes doivent rester dans les dépôts publics.

6. Il exercera , au nom et sous l'autorité du ministre secrétaire-d'état de notre maison, les actions nécessaires pour obtenir , en cas de refus de la part de tiers , la remise des titres dont il s'agit.

7. Les titres, actes et pièces , déposés aux archives de la couronne, ne pourront être déplacés que par autorité de justice , ou sous l'autorisation expresse du ministre secrétaire-d'état de notre maison. L'archiviste pourra en délivrer des copies collationnées ou des extraits aux intendans et administrateurs de la liste civile.

8. Le réglement d'administration qui déterminera l'ordre et la tenue

des archives de la couronne, l'emplacement de ces archives et le traitement de l'archiviste, seront incessamment déterminés par nous, sur le rapport du ministre secrétaire-d'état de notre maison.

9. Le ministre secrétaire-d'état de notre maison est chargé de l'exécution de la présente ordonnance.

Donné en notre château de Saint-Cloud, le 3.ᵉ jour du mois d'août, l'an de grâce 1824, et de notre règne le 30.ᵉ

LOUIS.

Par le Roi :

Le ministre secrétaire-d'état au département de la maison du Roi, LAURISTON.

ORDONNANCE DU ROI

Concernant la Société d'assurances mutuelle contre l'incendie formée à Dijon.

LOUIS, PAR LA GRACE DE DIEU, ROI DE FRANCE ET DE NAVARRE,

A tous ceux qui ces présentes verront , salut.

Sur le rapport de notre ministre secrétaire-d'état au département de l'intérieur ;

Notre conseil-d'état entendu ,

Nous avons ordonné et ordonnons ce qui suit :

29 *

Art. 1.ᵉʳ La Société d'assurances
mutuelle contre l'incendie, formée à
Dijon, par acte passé devant Joliet
et Rouget, notaires en ladite ville,
le 26 juin 1824, est autorisée pour
les départemens de la Côte-d'Or, de
l'Yonne, de Saône-et-Loire et du
Doubs seulement.

Les statuts de la Société, contenus audit acte, lequel demeurera
annexé à la présente ordonnance,
sont approuvés sauf la réserve expri-
mée à l'article suivant.

2. Nonobstant la rédaction de l'art.
55 des statuts, le second paragraphe
dudit article sera entendu comme
suit :

Tout locataire ou fermier d'une propriété assurée qui aura justifié, par une déclaration du propriétaire, ayant date certaine, et enregistrée à la direction de la Société qu'il concourt avec son propriétaire aux obligations de l'assurance, est affranchi envers la Compagnie, du recours qu'elle pourrait avoir à exercer contre lui en cas d'incendie, à raison de la responsabilité du locataire.

3. Nous nous réservons de révoquer notre autorisation en cas de violation ou de non exécution des statuts, sauf les droits et dommages-intérêts des tiers.

4. La Société sera tenue de remettre tous les ans copie conforme

de son état de situation aux préfets des quatre départemens de la Côte-d'Or , de l'Yonne , de Saône-et-Loire et du Doubs, ainsi qu'aux greffes des tribunaux de commerce de ces départemens. Copie dudit état sera adressée à notre ministre secrétaire-d'état de l'intérieur.

5. Notre ministre secrétaire-d'état de l'intérieur est chargé de l'exécution de la présente ordonnance , qui sera insérée au Bulletin des lois avec l'acte y annexé ; pareille insertion aura lieu dans le Moniteur et dans les journaux destinés aux annonces judiciaires de chacun des départemens qu'embrasse la Société.

Donné au château des Tuileries ,

le 1.er jour de septembre, de l'an
de grâce 1824, et de notre règne le
trentième.

LOUIS.

Par le Roi :

*Le ministre secrétaire-d'état au
département de l'intérieur.*

CORDIÈRE.

ORDONNANCE DU ROI

Relative aux établissemens d'éclai-
rage par le gaz hydrogène.

LOUIS, PAR LA GRACE DE DIEU,
ROI DE FRANCE ET DE NAVARRE,

A tous ceux qui ces présentes verront, salut :

Sur le rapport de notre ministre
secrétaire-d'état au département de
l'intérieur,

Vu notre ordonnance du 10 septembre 1823 , délibérée en notre
conseil-d'état , sur le rapport du
comité du contentieux, portant qu'il
n'existe pas de classification légale

pour les entreprises d'éclairage par le gaz hydrogène ;

Vu le décret du 15 octobre 1810 et notre ordonnance du 14 janvier 1815.

Notre conseil-d'état entendu,

Nous avons ordonné et ordonnons ce qui suit :

Art. 1.er Tous les établissemens d'éclairage par le gaz hydrogène, tant les usines où le gaz est fabriqué, que les dépôts où il est conservé, sont rangés dans la seconde classe des établissemens incommodes, insalubres ou dangereux ; et néanmoins ils ne pourront être autorisés qu'en se conformant aux mesures de précaution portées dans l'instruction annexée à la présente ordonnance, sans préjudice de celles qui pourront être ultérieurement ordonnées si l'utilité en est constatée par l'expérience.

2. Les usines d'éclairage par le gaz hydrogène seront constamment soumises à la surveillance de la police locale.

3. Notre ministre secrétaire-d'état au département de l'intérieur est chargé de l'exécution de la présente ordonnance.

Donné en notre château des Tuileries, le 20 août de l'an de grâce 1824, et de notre règne le trentième.

LOUIS.

Par le Roi :

Le ministre secrétaire-d'état au département de l'intérieur,

CORBIÈRE.

Instruction sur les précautions exi-gées dans l'établissement de la manutention des usines d'éclai-rage par le gaz hydrogène, pourétre annexée à l'ordonnance royale du 20 août 1824.

§. I.er *Conditions à imposer pour tout ce qui a rapport à la première production du gaz.*

1.° Les ateliers de distilation seront séparés des autres ; ils seront couverts en matériaux incombustibles.

2.° Les fabricans seront tenus d'élever jusqu'à trente-deux mètres les cheminées de leurs fournaux ; la disposition de ces fournaux sera aussi fumivore que possible,

30

3.° Il sera établi au-dessus de chaque système de fournaux un tuyau d'appel horizontal, communiquant, d'une part, à la grande cheminée de l'usine, et d'autre part, venant s'ouvrir au-dessus de chaque corne, au moyen d'une hotte de forme et de grandeur convenables, de telle sorte que la fumée, sortant de la cornue lorsqu'on l'ouvre, puisse se rendre par la hotte et le tuyau d'appel horizontal dans la grande cheminée de l'usine.

4.° Les cornues seront inclinées en arrière, de manière que le goudron liquide ne puisse se répandre sur le devant, au moment du défournement.

5.° Le coke embrasé sera reçu , au sortir des cornues , dans des étouffoirs placés le plus pr ispossible des fournaux.

§. II. *Conditions à imposer pour que la condensation des produits volatils et l'épuration du gaz ne nuisent pas aux voisins.*

1.° Il sera pratiqué , soit dans les murs latéraux , soit dans la toiture des ateliers de condensation et d'épuration , des ouvertures suffisantes pour y entretenir une ventilation continue et qui soit indépendante de la volonté des ouvriers qui y sont employés. Dans la visite des appareils , on ne devra faire usage que de lampes de sûreté.

2.° Les produits de la condensation et de l'épuration seront immédiatement transportés à la voirie, dans des tonneaux bien fermés ; ou mieux encore, ils seront vidés, soit dans les cendriers des fourneaux, soit sur le charbon de terre qui se brûle dans les foyers.

§. III. *Conditions à imposer pour éviter tout danger dans le service du gazomètre.*

1.° Les cuves dans lesquelles plongent les gazomètres, seront toujours pratiquées dans le sol et construites en maçonnerie. Il sera placé à chaque citerne un tuyau de trop-plein, afin d'empêcher que dans aucun cas l'eau ne s'élève au-dessus du niveau convenable.

2.° Chaque gazomètre sera muni d'un guide ou axe vertical ; il sera suspendu au moyen de deux chaînes en fer, dont chacune aura été reconnue capable de supporter un poids au moins égal à celui du gazomètre.

3.° Il sera adapté à chaque gazomètre un tube de trop-plein , destiné à l'écoulement du gaz qui pourrait y être conduit par excès.

4.° Les bâtimens dans lesquels seront établis les gazomètres , seront entièrement isolés , soit des autres parties de l'établissement , soit des habitations voisines. Il y sera pratiqué des ouvertures en tout sens , et en assez grand nombre pour y en-

30 *

tretenir une ventilation continue. Ils seront toujours surmontés d'un paratonnerre, et l'on ne devra y faire usage que de lampes de sûreté. Ces bâtimens seront en outre fermés à clef, et la garde de cette clef ne pourra être confiée qu'à un contre-maître habile et d'une fidélité éprouvée, et dans le cas seulement où le chef de l'établissement serait dans l'obligation de s'en dessaisir momentanément.

§. IV. *Conditions à imposer aux fabricans qui compriment le gaz dans des vases portatifs.*

1.° Ces vases ne pourront être que de cuivre rouge, de tôle ou de tout autre métal très-ductile, qui se déchire plutôt qu'il ne se brise sous une pression trop forte.

2.º Ils seront essayés à une pression double de celle qu'ils doivent supporter dans le travail journalier.

Vu pour être annexé à l'ordonnance royale en date du 20 août 1824, enregistrée sous le numéro 4080.

Le ministre secrétaire-d'état au département de l'intérieur,

CORBIÈRE.

ORDONNANCE DU ROI

Concernant les études du collége royal de la marine.

LOUIS, par la grace de Dieu, Roi de France et de Navarre,

Sur le rapport de notre ministre secrétaire-d'état de la marine et des colonies,

Nous avons ordonné et ordonnons ce qui suit :

Art. 1.er Le cours d'études dans notre collége royal de la marine sera de deux ans, à commencer du 15 novembre de chaque année.

Il portera sur les mathématiques, la langue française, l'histoire et la géographie ; la langue anglaise, le

dessin pittoresque, le dessin géomé-
trique et la physique expérimentale ;
le tout, en prenant pour base les
programmes que notre ministre de
la marine et des colonies fera rédiger, et dont les professeurs ne pourront s'écarter en aucun point.

2. Les diverses chaires d'enseigne-
ment et le nombre des professeurs
sont fixés ainsi qu'il suit :

Mathématiques........	4	*professeurs*
Langue française, his- toire et géographie,	2	*idem.*
Langue anglaise.......	1	*idem.*
Dessin pittoresque....	1	*idem.*
Dessin géométrique...	2	*idem.*
Physique expérimen- tale.	1	*idem.*
Total........	11	

Notre ministre de la marine déterminera le rang et les appointemens
de chacun de ces professeurs, d'après
l'article 30 de notre ordonnance du
31 janvier 1816, concernant le collége royal de la marine.

3. La distribution et l'emploi du
temps, pour le cours d'études de
deux ans, sera réglé par un tableau
que fera rédiger notre ministre de la
marine. Le gouverneur du collége
est tenu de veiller à ce que les professeurs et élèves ne puissent, sous
aucun prétexte, s'en écarter.

4. Les candidats aux places d'élèves au collége royal de la marine
qui auront rempli les conditions exigées par notre ordonnance du 22 janvier 1824, et qui auront reçu des

lettres de nomination de notre ministre de la marine, devront être rendus au collége le 10 novembre fixe pour commencer le cours d'études le 15 de ce mois, conformément à l'art. 1.er de la présente ordonnance.

5. L'un des examinateurs de la marine se rendra chaque année, vers le mois d'août, au collége royal de la marine, pour faire l'examen des élèves des deux divisions.

Les cours de la première année, ou seconde division, dureront jusqu'au 10 septembre. Le lendemain commenceront, dans le collége, les examens des élèves de la deuxième division. Ces examens seront faits, en partie verbalement et en partie

par écrit ; ils comprendront tous le
objets détaillés dans les programmes
mentionnés à l'art. 1.ᵉʳ. Ils seront
clos au 30 septembre , et les élèves
de la première année seront classés
par ordre de mérite pour passer de
la deuxième division à la première.

Les cours de la deuxième année ,
ou première division , dureront jusqu'au 20 août. Le lendemain commenceront, dans le collége, les examens des élèves de la première division , sur tous les objets détaillés dans
les programmes ; ils seront terminés
par la partie orale , le 10 septembre.
La partie écrite par voie de composition , aura lieu le 15 septembre,
pendant que commenceront les examens des élèves de la première année , ou deuxième division.

Par suite de leurs examens, les élèves de la deuxième année, ou première division, seront classés par ordre de mérite pour sortir du collége et passer dans les ports, en qualité d'élèves de la marine de deuxième classe.

6. Il sera accordé, chaque année, par notre ministre secrétaire - d'état de la marine, à la moitié des professeurs du collége royal, des vacances pendant le laps de temps qui s'écoulera depuis la clôture des examens annuels jusqu'à la reprise du cours.

7. Notre ministre de la marine prendra les mesures nécessaires pour mettre en harmonie les dispositions prescrites par la présente ordonnance,

31

avec celles déterminées par l'ordonnance du 31 janvier 1816, qui, n'étant pas contraires à ce qui vient d'être arrêté, sont et demeureront maintenues.

8. Notre ministre de la marine et des colonies est chargé de l'exécution de la présente ordonnance.

Donné à Paris, en notre château des Tuileries, le huitième jour du mois de septembre de l'an de grâce 1824, et de notre règne le trentième.

LOUIS.

Par le Roi ;

Le pair de France, ministre se-crétaire-d'état au département de la marine et des colonies,

C.ᵗᵉ CHABROL.

TABLE

Des matières contenues dans ce volume.

31

31*

FIN.

SESSION DE 1824,

Ou Recueil des Lois rendues par les deux Chambres et promulguées par le Roi pendant ladite session.

Un volume petit in-12, caractère et papier conformes au présent volume.

Prix : 2 fr. 50 c. *broché*.

Au bureau et imprimerie de la *Feuille d'Affiches et d'Anonces judiciaires*, etc., etc., rue Arnaud-Miqueu, n.º 21.

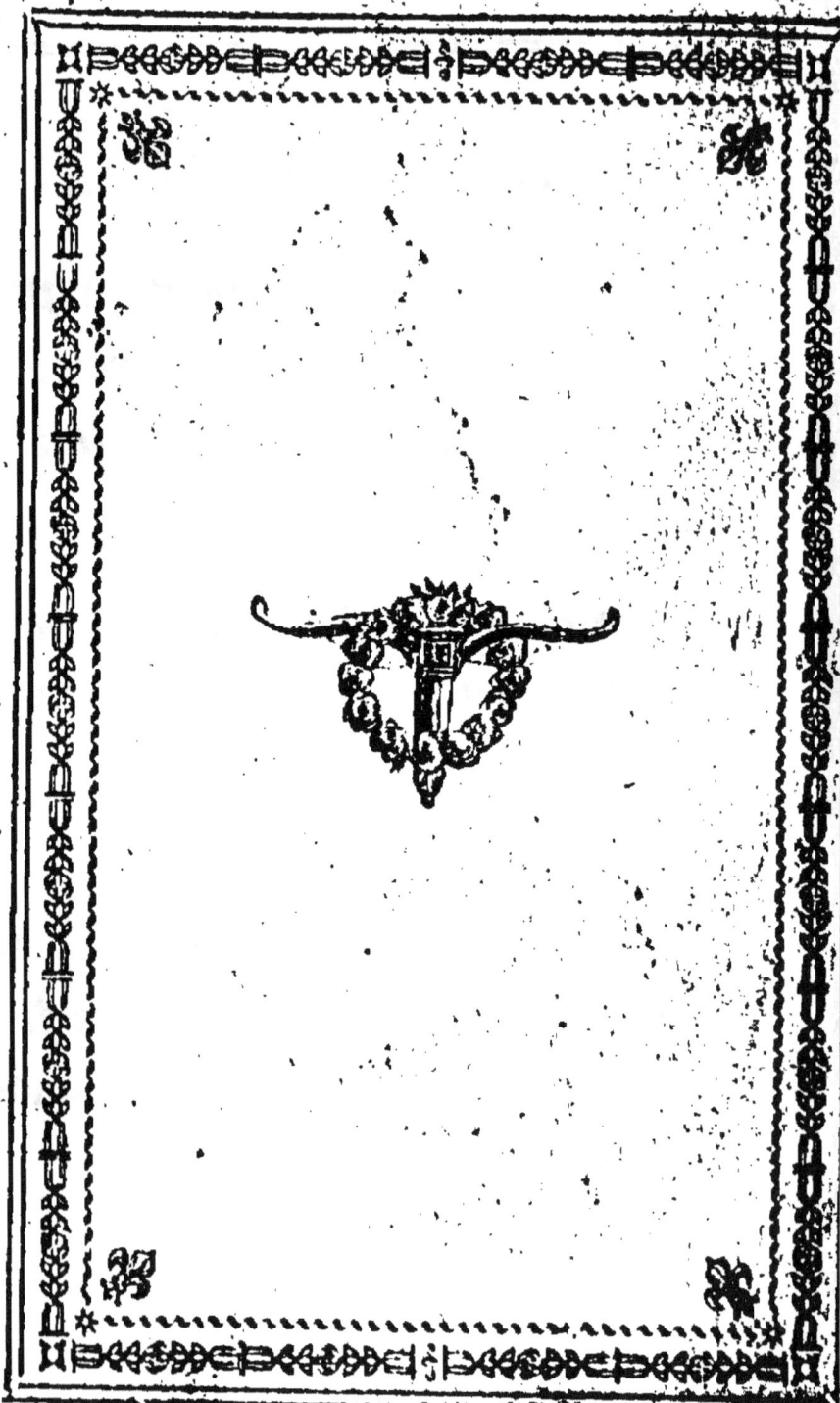

www.ingramcontent.com/pod-product-compliance
Lightning Source LLC
Chambersburg PA
CBHW061118220326

41599CB00024B/4087